思政实践课实训指南
（第2版）

主　审　徐　静
主　编　徐　雁　冯　清　余　虹
副主编　徐学英　吴建华　李咸洁
　　　　董应龙　张　晶　王力尉
　　　　陆晓萍

WUHAN UNIVERSITY PRESS
武汉大学出版社

图书在版编目(CIP)数据

思政实践课实训指南/徐雁,冯清,余虹主编.—2版.—武汉:武汉大学出版社,2018.9(2019.8重印)

ISBN 978-7-307-20532-1

Ⅰ.思…　Ⅱ.①徐…　②冯…　③余…　Ⅲ.思想政治教育—中国—高等学校—教材　Ⅳ.G641

中国版本图书馆 CIP 数据核字(2018)第 212290 号

责任编辑:郭　芳　　责任校对:邓　瑶　　装帧设计:吴　极

出版发行:**武汉大学出版社**　(430072　武昌　珞珈山)
　　　　　(电子邮箱:whu_publish@163.com　网址:www.stmpress.cn)
印刷:武汉图物印刷有限公司
开本:787×1092　1/16　印张:11.75　字数:264 千字
版次:2016 年 6 月第 1 版　　2018 年 9 月第 2 版
　　2019 年 8 月第 2 版第 2 次印刷
ISBN 978-7-307-20532-1　　定价:39.50 元

第 2 版前言

《思政实践课实训指南》作为西昌学院"质量工程"资助出版系列教材之一,2016 年出版后填补了思政实践课教材的空白,受到广大师生的欢迎。由于第 1 版出书时间紧迫,难免留下一些遗憾。教材使用中师生也提出了宝贵的意见和建议。鉴于此,我们决定对《思政实践课实训指南》进行全面修订以提高本书的质量。除了订正第 1 版的疏漏之外,还增加了一些新的案例和一些新的教学实践成果。关于本书的具体修订工作,特作以下几点说明:

1.基本保持第 1 版的体系、结构不变。更新了部分案例,替换了部分实训方案。为避免篇幅过大,本书简明扼要的编写风格依然没有改变。

2.对文字进行了全面谨慎的梳理和修订。

本书由徐静教授主审,徐雁、冯清、余虹、徐学英、吴建华、李咸洁、董应龙、张晶、王力尉、陆晓萍等共同编写与修订。由于编者水平所限,书中难免还会出现缺点和错误,恳请读者包涵,并能一如既往地提出宝贵意见,使本书通过不断打磨,臻于完善。同时借此机会,向使用本书的广大师生,向给予我们关心、鼓励和帮助的同行、专家、学者致以由衷的感谢。

编　者

2018 年 7 月

第 1 版前言

为了落实《中共中央国务院关于进一步加强和改进大学生思想政治教育的意见》(中发〔2004〕16 号)和《中共中央宣传部、教育部关于进一步加强和改进高等学校思想政治理论课的意见》(教社政〔2005〕5 号)精神,加强思想政治课实践教学,使理论教育与社会实践教育紧密结合,切实加强思想政治课程的针对性和实效性,培养大学生发现问题、分析问题、解决问题的能力,进一步提高大学生的马克思主义理论素养,从"05 方案"实施后,西昌学院就按照有关文件精神,面向全校学生全面启动了思想政治理论课实践教学。多年过去,我校的思想政治理论实践课教学已取得明显成效,得到四川省教育厅领导和同行专家的认可。目前,我们还面临没有统一的思想政治实践课教材及成熟的教学方案问题。鉴于此,我们在总结思想政治理论实践课教学经验和研究成果的基础上,借鉴兄弟高校的宝贵经验,潜心编写了本书,旨在提供一本适用于高校思想政治理论实践课的教学及实训教材,诚望于广大教师和学生有所裨益。

本书编写组成员是长期从事思想政治理论课教学和研究的专家及骨干教师,具有丰富的理论和实践经验。"05 方案"实施以来,按照学校应用型人才培养的总体要求,任课教师在理论课教学的同时积极探索思想政治理论实践课的教学改革,编写组成员在充分调研论证的基础上,多次召开专题讨论会,就实践方案、实践项目、实践考核、实践教学案例等进行探讨。本书将会极大地推动思想政治课的实践教学和课程建设,并将为提高本科应用型人才培养质量发挥实实在在的作用。

本书依托四门思想政治理论课程设置 18 个实训项目。每一实训项目都由案例导入、实训目标和意义、实训形式和操作 3 个板块构成。其中,实践教学内容将按照每一理论课教学目标结合校本特色和地方资源配置编排具体的实践主题、思政论坛、社会调查和校外社会教育实践等内容。实践活动方案的设计紧跟时代步伐,关注社会发展动态,将热点问题引入教学,力求实践活动与时代和社会发展同步。实践教学案例将按照原则性、时效性和前沿性的特点选编,力求把最新的理论成果介绍给师生,把理论热点、焦点问题呈现给师生,以促进学生思考,注重解决学生实际需要与实践应用相脱离的问题,实现思想政治理论实践课的教学目标。在参考阅读中除编排经典案例以外尽量融入新视野下的时代经典。

本书编写分工为:绪论、实训项目 3、实训项目 5、实训项目 15、附录由徐雁编写;实训项目 1、实训项目 16 由余虹编写;实训项目 8、实训项目 11 由徐学英编写;实训项目 4、实训项目 10 由蔡敏春编写;实训项目 6、实训项目 18 由冯清编写;实训项目 12、实训项目 13、实训项目 14、实训项目 17 由董应龙编写;实训项目 2 由王力蔚编写;实训项目 7 由李咸洁编写;实训项目 9 由程勇刚编写。景志明教授、谢华教授、陈小虎教授对本书的编写给予了悉心的指导。

本书在编写过程中借鉴了许多同行和专家的研究成果,引用了部分专著、教材和论文的研究成果,在此特向有关思想政治教育教学领域的专家、学者和同行们致谢。由于时间仓促,书中难免存在不妥之处,敬请读者原谅,并提出宝贵意见。

编 者

2016 年 1 月

目　录

数字资源目录

绪　论

实践是人的存在方式。

——马克思

思想政治理论课实践教学是相对于理论教学而言的,是区别于传统课堂教学的一种教学模式。它是在高校思想政治理论课教师的指导下,以中国化的马克思主义理论方法为指导,以提高大学生综合素质为目标的教学方式和教学环节。具体教学围绕思想政治理论课教育教学的开展,依据高校思想政治课程的教学内容和要求,通过组织和引导大学生主动参与社会实践,使大学生获得思想道德方面的直接体验,实现思想政治理论课教育教学目标。实践教学是巩固理论知识和加深对理论知识的认识的有效途径。思想政治理论课实践教学课程,是进行大学生思想政治教育的重要内容和有效形式。它将传统的以教师为主体、学生为客体的灌输式教学,转变为以教师为主导、学生为主体的体验、感悟式教学,是培养学生运用所学的理论知识发现、分析与解决实际问题能力的课程,对学生综合素质与能力的提高大有裨益。

思想政治理论课实践教学作为高校思想政治课教学过程的必要环节,既不同于课堂的理论教学,又不同于专业课程的实践教学和一般的社会实践活动。与传统的课堂理论教学相比,高校思想政治理论课实践教学更突出自主性、开放性、灵活性、探究性、实践性、创新性的教学特点。

在高校,思想政治理论课实践教学是一种独立的课程形态。它不同于一般意义上的实践教学环节,一方面,思想政治理论实践课不是理论教学的简单补充和延伸;另一方面,由于思想政治理论实践课与思想政治理论课有着内在联系而使它在课程定位、教学内容、教学方法和考核评价等方面具有独特的内在规定性。

0.1　思想政治理论实践课的性质、任务

我国高校的思想政治理论课是对大学生进行思想政治教育的公共基础课。其中,思想政治理论实践课教学是思想政治理论课教学的重要组成部分,与思想政治理论教学是一个统一的整体。思想政治理论实践课是根据国家推行的高校思想政治理论课"05方案"关于实践教学的有关规定开设的公共必修课程,适用于四年制本科和三年制专科学生。

思想政治理论实践课的开设目的是在高校思想政治理论课教师的主导下,以马克思主义为指导,通过开展符合学生认知规律和成长需要的实践教学活动,在实践体验中促使学生对思想政治理论知识进行能动的思考,完成思想政治教育的内化。思想政治理论实践课必须以高校思想政治理论课("思想道德修养与法律基础""近现代史纲要""马克思主义基本原理""毛泽东思想与中国特色社会主义理论体系概论")的内容为依托,以学生成长的需要和

社会发展的需要为依据,采取有别于理论课程的教学组织形式和实践考核评价方式,形成完整的实践教学体系。这就要求在实践教学设计中把理论课程的内容按照加强实践教学的逻辑关系进行整合加工,形成相对独立的实践教学课程内容。实践教学中还要注重教师的主导性和学生的主体性,将社会作为实践的对象,激发、引导学生积极参与实践教学,在体验式的教学环节和模式下实现思想政治课程的教学目的。

高校思想政治理论课实践教学是马克思主义实践观的本质体现,也是马克思主义认识论的必然要求。高校思想政治理论课实践教学与思想政治理论教学相辅相成,共同完成对大学生知识的传授和能力的培养。思想政治理论课实践教学的实施,是在全面落实党的教育方针的基础上,把社会主义核心价值体系贯穿于国民教育的全过程,深入实施素质教育,大力提高高等教育质量的必然要求。思想政治理论课实践教学是深化课堂教学的重要手段,是学生获取知识、掌握知识,提升能力、提高综合素质的重要途径。

思想政治理论课实践教学是一种强调学生为主、教师为辅的教学方式,它能更好地调动学生学习的自觉性、主动性、创造性,激发学生强烈的求知欲望。同时通过学生的亲身实践,加强理论与实际的联系,锻炼和培养学生发现问题、分析问题、解决问题的能力。思想政治理论课实践教学可以促使学生深入生活、走向社会,把知识内化为思想道德情操,提高自身的道德修养,在实践体验中树立崇高的理想,陶冶爱国主义情怀,培养其对社会的责任感和使命感。

课程设置的主要目的是进一步贯彻和落实中共中央关于大学生思想政治教育的要求,形式多样的实践教学活动有利于学生把理论知识运用到实践中,做到理论联系实际,从而促进"知行合一"的教学目的的实现,提高学生思想政治素质和观察、分析社会现象的能力,深化课堂教育教学的效果,进一步增强思想政治理论课教育教学的针对性,以及提高思想政治理论课的教学质量与教学效果。通过实践教学环节,学生对理论知识的理解有所深化,思想政治理论课的实效性有所增强。思想政治理论实践课的开设能有效弥补传统理论教学的不足,从根本上解决教学理论内容和现实生活脱节的矛盾。思想政治理论实践课以学生喜闻乐见的丰富多彩的实践活动为载体,通过学生的自主参与、体验,学生会更加深入地掌握毛泽东思想和中国特色社会主义理论体系的科学体系及精神实质,增强建设中国特色社会主义的信念,培养运用中国化马克思主义的立场、观点和方法分析与解决问题的能力。社会实践是理论内化的重要环节,在思想政治理论实践课中运用马克思主义的立场、观点和方法,加深大学生对马克思主义的认同感,通过激发和调动大学生的参与意识,提高大学生的理性认识水平,帮助大学生树立正确的世界观、人生观、价值观,增强执行党的基本路线和基本纲领的自觉性和坚定性,积极投身全面建成小康社会、加快推进中国特色社会主义建设的伟大实践。利用思想政治理论实践课丰富多样的形式调动大学生学习马克思主义的积极性,在实践中将思想政治教育与大学生成长、成才有机结合,可帮助大学生更新观念、增长知识、提高能力,提升综合素质,在实践中培养社会责任感,更好地适应社会发展的需要,从而实现思想政治理论课的实践育人目标。

归纳起来,实践教学的任务包括思想素质任务、知识任务、能力任务三项内容。思想素质任务是实践教学的核心任务。在实践中,教师引导学生深入社会,接触各个阶层的人,通过面对面的交流,了解群众的疾苦和需求,明确社会责任和历史使命。学生运用辩证的方法分析各种问题,可加深对马克思主义基本理论的理解,促进正确世界观、人生观和价值观的形成,增强培养良好道德品质的自觉性,培养积极的生活态度。知识任务是指巩固理论知识和加深对理论的认识。通过实践,学生由被动接受转为主动参与,直接感知课堂教学以外的知识,进一步印证、理解理论知识。并在积极、主动的实践过程中,达到开拓思维空间、深刻认知社会、增强理论教学的实效性的目的。能力任务则帮助学生完成从书本到现实、从理论到实践的飞跃。要使学生的能力得到锻炼和提高,除了学习和掌握组织能力、表达能力、写作能力、社交能力外,还要充分激发其批判精神和创新能力,帮助学生完成从书本到现实、从理论到实践的飞跃。有了这次飞跃,再一次回到理论和书本时,学生的认识水平就会有质的升华。

0.2　思想政治理论实践课的政策依据

坚持教育与社会实践相结合是党的教育方针的重要内容。坚持理论联系实际是大学生成才的必由之路。从20世纪90年代开始,实践教学逐渐进入思想政治理论课,作为提高思想政治理论课实效性的有效方法和环节,逐步得到各方面的肯定。2004年以来,党中央、国务院、中央宣传部、教育部先后下发了一系列文件,构建了一个思想政治理论课实践教育教学的政策平台。

为适应新形势、新任务的要求,提高大学生的思想政治素质,促进大学生的全面发展,进一步加强和改进大学生思想政治教育水平,中共中央国务院于2004年8月下发了《中共中央国务院关于进一步加强和改进大学生思想政治教育的意见》(中发〔2004〕16号,以下简称《意见》)。《意见》中明确提出,要提高思想政治理论课的实效性,强调"坚持政治理论教育与社会实践相结合,既重视课堂教育,又注重引导大学生深入社会、了解社会、服务社会","坚持解决思想问题与解决实际问题相结合"。《意见》充分肯定了实践在思想政治教育中的地位和重要性,指明了实践教学与理论教学相辅相成的关系。《意见》特别指出拓展新形势下大学生思想政治教育的有效途径是深入开展社会实践。"社会实践是大学生思想政治教育的重要环节,对于促进大学生了解社会、了解国情,增长才干、奉献社会,锻炼毅力、培养品格,增强社会责任感具有不可替代的作用。要建立大学生社会实践保障体系,探索实践育人的长效机制。"

为切实提高"05方案"实施后的思想政治理论课的教学效果,《中共中央宣传部、教育部关于进一步加强和改进高等学校思想政治理论课的意见》(教社政〔2005〕5号)中,要求将加强实践教学作为改进高校思想政治理论课教育教学方式方法的重要内容,明确提出,"要建立和完善实践教学保障机制,探索实践育人的长效机制"。对实践教学的保障机制、经费投入、组织管理和活动形式提出了明确、具体的要求。通过形式多样的实践教学活动,提高学生思想政治素质和观察分析社会现象的能力,增强教育教学的效果。

《中共中央宣传部、教育部关于进一步加强高等学校思想政治理论课教师队伍建设的意见》（教社科〔2008〕5 号）强调要充分发挥思想政治理论课作为大学生思想政治教育主渠道的作用，进一步推动中国特色社会主义理论体系进教材、进课堂、进学生头脑工作，不断提高大学生的思想政治素质，进一步加强高等学校思想政治理论课教师队伍建设，将加强实践教学作为改进高校思想政治理论课教育教学方式方法的重要内容。"要建立和完善实践教学保障机制，探索实践育人的长效机制"。要从本科思想政治理论课现有学分中划出 2 个学分，从专科思想政治理论课现有学分中划出 1 个学分开展本专科思想政治理论课实践教学。要探索实践育人的长效机制，提供制度、条件和环境保障，确保不流于形式。各类博物馆、纪念馆、展览馆、烈士陵园等有教育意义的场所，要对开展思想政治理论课实践教学实行免票。

为进一步加强新形势下高校实践育人工作，2012 年 1 月，教育部、中共中央宣传部、财政部、文化部、解放军总参谋部、解放军总政治部、中国共产主义青年团中央委员会等七个部门就高校实践教学联合下发了《关于进一步加强高校实践育人工作的若干意见》（教思政〔2011〕1 号），从创新人才培养这个目标出发，对高校实践育人的重要性、统筹推进实践育人各项工作、实践育人工作的组织领导三个方面共计 15 项内容提出了系统而明确的要求。《新时代高校思想政治理论课教学工作基本要求》（教社科〔2018〕2 号）要求从本科思想政治理论课现有学分中划出 2 个学分、从专科思想政治理论课现有学分中划出 1 个学分，开展本专科思想政治理论课实践教学。《新时代高校思想政治理论课教学工作基本要求》明确指出：学生既可通过参加教师统一组织的实践教学获得相应学分，也可通过提交与思想政治理论课学习相关的实践成果申请获得相应学分。

0.3　思想政治理论实践课教学的原则及实施

0.3.1　思想政治理论实践课教学的原则

1. 在思想政治理论实践课教学中应坚持实效性和目的性原则

思想政治理论实践课的教学目的是通过理论与实践的紧密结合，加强学生对基本理论的认识，提高学生思想政治素质和观察、分析社会现象的能力。实践性教学尤其强调理论与实践的结合，运用理论知识指导实践，在实践中加深对理论知识的认识和理解。在思想政治理论实践课教学中坚持实效性和目的性原则就是要利用实践教学的优势，解决影响实践性教学效果的"知行"脱节问题，改变马克思主义理论教育在不断变化的现实面前显得苍白无力，缺乏针对性、实效性、说服力和感染力的现状。教师要根据思想政治课的教学目标合理安排实践教学计划，有效地将课程教学与调动学生深入社会实际相结合，把实践教学环节落到实处，发挥思想政治理论实践课的育人功能。思想政治理论实践课的实效性既取决于对实践教学内涵和特征的准确理解和把握，又取决于实践教学过程中教师、学生、教学目标、教学内容、教学方法和教学情境等要素的相互作用和效能发挥，尤其取决于教师和学生之间、学生和社会实际生活之间的良性互动。

2. 在思想政治理论实践课教学中应坚持灵活性和开放性原则

实践活动的内容和实践活动的组织形式是影响思想政治理论实践课教学效果的重要因素。要提高高校思想政治理论实践课的实效性，必须科学、灵活地安排好实践活动内容和实践活动形式。教学中要随时根据学生的具体情况和政策的调整在实践教学思路上树立开放、创新的意识,不断赋予实践教学鲜明的时代特色和面向社会的开放精神。

坚持灵活性和开放性原则就是要在实践教学中,既重视将实践教学内容与思想政治理论课教学内容有机结合,又重视利用实践教学使学生参与教学过程,更好地了解社会、融入社会,建立一套具有可行性的科学的实践教学模式;既强调对实践教学内容体系进行标准化、系统化、规范化的设计管理,又注重对实践教学内容和形式的不断调整和创新。

3. 在思想政治理论实践课教学中应坚持可操作性和兼顾性原则

实践教学相比于理论教学,其空间维度发生了很大变化。将课堂搬到社会这个大环境中,要求教师在实践教学设计环节因地制宜,充分考虑实践活动的可操作性,最大限度地发挥实践育人的功能。关于实践教学内容和实践方式的选择,在思想政治理论实践课教学中,应兼顾思想性与科学性的统一,兼顾思想政治教育与大学生成才的统一,兼顾思想道德教育与专业知识教育的统一,兼顾理论性与实践性的统一。

0.3.2　思想政治理论实践课教学的实施

1. 实践教学组织方式

学生以团队学习方式为主体,按学习兴趣自主组织学习团队;学生团队成员分阶段轮流担任团队负责人,负责团队学习、调研、讨论等活动的组织协调和文档资料记录管理工作。

2. 实践教学专题的选择与确定

实践教学专题应围绕思想政治理论课教学中涉及的社会生活和思想领域中的重点、热点、难点问题进行确定。学生学习团队在教师的指导下,拟订规范的学习计划和进程安排。

3. 实践教学过程中教师的职责

结合思想政治理论课教学的重点、热点和难点,明确实践教学课题及相应的要求;指导学生组建实践团队,拟订学习计划,组织实践教学过程,撰写调研报告和论文,参与评价学生团队及个人的成绩;收集实践教学各环节的文档资料,并对实践教学效果进行评估。

4. 实践教学过程中学生的职责

遵守学校学生管理和课程管理的各项规定,积极参加并组织协调实践教学活动;完成实践教学各环节的要求,做好实践教学活动各环节的记录,完成团队研究报告和论文撰写工作,参与团队个人和集体的课程成绩评价以及实践教学效果的评价工作。

5. 实践教学过程的管理

实践教学过程由教师引导,由学生团队进行自我组织和管理;实践教学安排在课后和假期进行,依照实践教学的学分规定,注重实践教学的过程学习。

6. 实践教学成绩和效果评估

学生实践教学课程成绩由学生团队评价、学生个人评价和教师评价三部分构成,以学生的自主评价为主,教师评价为辅,尤其重视学生团队在学生成绩评价中的作用。一般按优秀、良好、中等、及格和不及格五个档次计分。教师要依据教学总结、学生反馈的建议和意见进行教学效果评价,根据教学效果进一步改进教学实施方案。

0.4 思想政治理论实践课教学的类型和形式

1.实践教学的类型

高校思想政治理论实践课教学主要包括校内的实践教学和校外的社会实践教学,根据教学实践环境具体可分为课堂实践教学、校园实践教学和社会实践教学三种类型。校内实践教学将实训室、图书馆、宿舍、多功能厅、网络中心等校园区域作为传统课堂的延伸,在课堂教学之外增加实物考察和现场调研的形式。改变传统课堂教学方法,尝试通过项目引领、任务驱动等多种不同的教学方法来激发学生的主动参与意识。校内实践主要是在教师指导下开展主题活动,如课题研究、公益活动、校园文化活动等;校外实践主要是社会实践,包括社会调查、志愿服务、参观访问、参加生产劳动以及结合专业技能开展社会服务性活动。丰富多彩的实践活动,可将课堂所学的理论知识运用于实践中,并使学生学会在实践中运用马克思主义的立场、观点、方法去认识、分析、解决实际问题,从而达到获得科学文化知识,增强各种能力和提高综合素质的目的。

2.实践教学的形式

(1)社会调查。结合思想政治理论课教学活动,指导学生团队针对特定问题,设计调查研究项目,通过实地访谈、问卷调查、网络调查等方式,完成调研任务和调研报告的撰写。

(2)专题研究。结合思想政治理论课教学活动,指导学生通过经典著作的阅读、研究、讨论,进行实际调研,完成研究报告或学术论文的撰写工作。

(3)主题活动。主题活动的内容可以非常广泛,既可以在校内又可以在校外进行。主题活动要结合重大社会现实问题或理论问题,紧扣各种节庆主题,利用重大时事契机,抓典型、树榜样、正反结合、刚柔并济。

(4)参观访问。利用校内和校外实践教学基地,包括博物馆、纪念馆、革命遗址等爱国主义教育基地,改革开放成就显著的小城镇,校友所在单位,以及高校自己设立的大学生创业基地、就业基地、校史馆,军民共建单位,科教合作单位等实践教学资源进行实践教学,在体验式教学中完成知识的内化。

无论采取哪种形式的实践教学,都要结合教学目标充分利用和开发资源优势为思想政治理论实践课教学服务。

0.5 思想政治理论实践课教学的考核评价

美国著名教育家费朗德认为,没有评价就没有教育,没有科学的评价就没有有成效的教育。在实践教学过程中,考核评价是整个教学过程的重要环节。教学评价理念和方法对教学过程的开展以及教学实效的取得都具有重要的导向和促进作用,思想政治理论实践课教学需要与之相匹配的教学评价体系的支持。思想政治理论实践课教学的评价体系要以能调动教师和学生参与思想政治理论实践课教学活动的自主性、能动性和创造性为指导思想,以客观反映实践教学的实际情况为执行标准。通过教学评价的改进,充分调动教师与学生的积极性和主动性,这是提高思想政治理论实践课教学效果的基础。实践教学大纲和方案是教师评定学生成绩的依据,是建立科学、客观、灵活、开放的评价体系和标准的基础。

考查是实践教学考核的主要方式。在实施实践教学的过程中,教师必须引导学生从素质教育和能力培养的高度来认识思想政治理论实践课教学的重要性,激发学生参与的主动性和积极性,同时要对学生参与实践教学的过程进行科学、客观的评价,不仅有量化标准,还要有质的差异,评价体系要包括学生实践教学信息收集与处理以及相应的激励措施等。具体来讲,教师在考核评价时要注意学生自我评价与小组评价相结合,教师评价与学生评价相结合,过程评价与结果评价相结合,以过程评价为主,重点评价学生在参与过程中体现的团结协作精神,科学探究精神,发现问题、分析问题、解决问题的能力以及组织管理能力等。细化的评分指标包括以下四个部分:学生实际参与状况、学生参与过程、教学实际效果、学生作业。

考核评价时要注意科学、合理,尽量做到客观、公平、公正。既重视考核评价原则的把握,又重视灵活多样的考核指标和方式。根据每个学生在实践过程中的具体表现、贡献及研究成果的质量综合考虑,做出客观、正确的评价。成绩评定要有效调动学生学习的积极性、主动性。考核中,要避免教师带有随意性,对考核评价尺度把握不严。

为了使评价体系能够客观、公正地发挥指导、反馈的功能,在建立理论实践课教学评价体系的过程中,应遵循可行性、方向性和整体性原则。

(1)可行性。其主要是指实践教学课评估指标的可操作性。也就是说,指标必须简便易行,各项指标便于获得,符合实情,对反映教学成果具有实际意义。

(2)方向性。实践教学考核指标制订时,必须与课程特点紧密结合,注重考查学生世界观、人生观、价值观是否符合社会主流价值观,具体表现为参与社会实践的积极性、观察社会的视角、对社会热点问题的倾向等。

(3)整体性。实践教学评估体系作为一个系统,在设计指标项目时,必须注重整体性。当然,实践的最后结果(调查报告、问卷分析、观察体会等)是最重要的,但实践过程的每一个环节最好有量化的办法,以便于操作。另外,还要注重发展性和科学性的原则。

实训项目1　我的大学　我的梦

愿你们每天都愉快地过着生活,不要等到日子过去了才找出它们的可爱之点,也不要把所有特别合意的希望都放在未来。

——居里夫人

1.1　案例导入

青春寄语:季羡林谈人生的意义与价值

【案例呈现】

当我还是一个青年大学生的时候,报刊上曾刮起一阵讨论人生的意义与价值的微风,文章写了一些,议论也发表了一通。我看过一些文章,但自己并没有参加进去。原因是,有的文章不知所云,我看不懂。更重要的是,我认为这种讨论本身就无意义,无价值,不如实实在在地干几件事好。

时光流逝,一转眼,自己已经到了望九之年,活得远远超过了我的预算。有人认为长寿是福,我看也不尽然。人活得太久了,对人生的种种相,众生的种种相,看得透透彻彻,反而鼓舞时少,叹息时多。远不如早一点离开人世这个是非之地,落一个耳根清净。

那么,长寿就一点好处都没有吗? 也不是的。这对了解人生的意义与价值,会有一些好处的。

根据我个人的观察,对世界上绝大多数人来说,人生一无意义,二无价值。他们也从来不考虑这样的哲学问题。走运时,手里攥满了钞票,白天两顿美食城,晚上一趟卡拉 OK,玩一点小权术,耍一点小聪明,甚至恣睢骄横,飞扬跋扈,昏昏沉沉,浑浑噩噩,等到钻入了骨灰盒,也不明白自己为什么活过一生。

其中不走运的则穷困潦倒,终日为衣食奔波,愁眉苦脸,长吁短叹。即使日子还能过得去的,不愁衣食,能够温饱,然而也终日忙忙碌碌,被困于名缰,被缚于利索。同样是昏昏沉沉,浑浑噩噩,不知道为什么活过一生。

对这样的芸芸众生,人生的意义与价值从何处谈起呢?

我自己也属于芸芸众生之列,也难免浑浑噩噩,并不比任何人高一丝一毫。如果想勉强找一点区别的话,那也是有的:我,当然还有一些别的人,对人生有一些想法,动过一点脑筋,而且自认这些想法是有点道理的。

我有些什么想法呢? 话要说得远一点。当今世界上战火纷飞,人欲横流,"黄钟毁弃,瓦釜雷鸣",是一个十分不安定的时代。但是,对于人类的前途,我始终是一个乐观主义者。我相信,不管还要经过多少艰难曲折,不管还要经历多少时间,人类总会越变越好的,人类大同之域决不会仅仅是一个空洞的理想。但是,想要达到这个目的,必须经过无数代人的共同努力。有如接力赛,每一代人都有自己的一段路程要跑。又如一条链子,是由许多环组成的,每一环从本身来看,只不过是微不足道的一点东西;但是没有这一点东西,链子就组不成。在人类社会发展的长河中,我们每一代人都有自己的任务,而且是绝非可有可无的。如果说人生有意义与价值的话,其意义与价值就在这里。

但是,这个道理在人类社会中只有少数有识之士才能理解。鲁迅先生所称之"中国的脊梁",指的就是这种人。对于那些肚子里吃满了肯德基、麦当劳、比萨饼,到头来终不过是浑浑噩噩的人来说,有如夏虫不足以与语冰,这些道理是没法谈的。他们无法理解自己对人类发展所应当承担的责任。

话说到这里,我想把上面说的意思简短扼要地归纳一下:如果人生真有意义与价值的话,其意义与价值就在于对人类发展的承上启下、承前启后的责任感。

——季羡林,《季羡林谈人生》,已改编

【案例评析】

雨果说:有了物质,人才能生存;有了理想,人才能生活。生存与生活有什么不同呢？动物是生存,而人则应该生活。理想是引领人生的灯塔;没有理想,就没有坚定的方向;没有方向,就没有充实的生活。"人惟有找到生存的理由,才能承受任何境遇。"很多人连如何判断自己的目标,理想都不清楚,就谈不上为实现理想而奋斗。只有确定了人生目标,才可以在目标的指引下稳步前行。

理想源于自我,理想源于个性,理想应当是最适合自己的人生目标。不同的人可以选择不同的理想,重要的是,只有确定了人生目标,才可以在该目标的指引下,果断地做出人生的重大决定,沿着自己的成功之路稳步前进。李开复曾经给大学生指出追寻理想的途径:第一,人生目标要有价值;第二,人生目标要尽量摆脱名利羁绊;第三,人生目标要能够成为自己的智囊;第四,人生目标可以让自己从心底感动;第五,人生目标既富有挑战性,又不脱离实际,既放眼未来,又明确、具体。

2013 年 5 月 4 日习近平同各界优秀青年代表座谈时的讲话中谈到:历史和现实都告诉我们,青年一代有理想、有担当,国家就有前途,民族就有希望,实现我们的发展目标就有源源不断的强大力量。当代青年必须牢固树立中国特色社会主义共同理想,为实现中华民族伟大复兴的中国梦不懈奋斗。"志当存高远"。一个人的理想志愿只有同国家的前途、民族的命运相结合才有价值,一个人的信念追求只有同社会的需要和人民的利益相一致才有意义。

当代大学生应当要以国家富强、人民幸福为己任,胸怀理想、志存高远,创造无愧于时代的人生。

俞敏洪在北京大学2008年开学典礼上的发言

【案例思考】

(1)大学生应当如何确立人生理想？

(2)"兼得其大者可以其小。"你如何看待祖国的发展与自身的发展？

俞敏洪:坚信梦想的力量

1.2 实训目标和意义

1.2.1 理论教学目标

(1)了解大学生活的特点,树立新的学习理念。

(2)认识自我,能够客观地分析自己的兴趣和优势。

(3)在确立自己新的成长与发展目标的基础上,能够制作一份个人发展计划书。

1.2.2 重点·难点·热点

重点:正确看待大学生活,积极寻找思路和方法。

难点:结合大学生实际及个人自身特点,确立成才目标和发展方向。

热点:实现从中学生到大学生的角色转换。

1.2.3 理论联系实际

结合《思想道德修养与法律基础》绪论和第二章的相关理论,把树立科学的理想信念与大学生活结合起来,架起一座大学生活与成才目标之间的桥梁。大学生要学会在科学理论指导下树立正确的人生观,把自己的人生观追求同国家发展进步、人民伟大实践紧密结合起来,通过不懈努力实现人生价值。

1.2.4 实训教学目标

形式多样的实训活动,促使学生思考未来、人生及职业发展方向,引导学生加强对所学专业的认识,并结合自身情况做好学业规划和职前规划。

1.3 实训形式和操作

实训形式:主题讲座,个人学习、生活、成才规划制订,成功案例展示。

1.3.1 实训方案一 "品味大学 规划人生"——职业生涯规划主题讲座

【实训目的】

通过听讲座,学生自己动手制作一份个人发展计划书,更好地了解自己的兴趣与优势所在,指导自己在未来四年的大学生活中更好地学习和发展,为毕业找工作做好准备。

【实训性质】

校内课堂实践。

【实训学时】

5学时(学生准备2学时,听讲座3学时)。

【内容体系】

查阅资料和思考—组织学生听讲座—制作个人发展计划书—活动总结。

【组织安排】

联系职业生涯规划领域的专家来做报告。讲座前做好准备,讲座后及时反思。在教师的指导下,查阅职业生涯规划相关资料,初步思考个人发展目标。

【实训要求】

(1)听讲座前,学生提前查阅有关职业规划方面的资料,了解职业生涯规划的一些基本理论和方法。

(2)学生应初步思考个人发展目标,重点是个人职业目标以及为实现职业目标而对大学学习、生活进行的规划。

(3)听完讲座后,学生应思考个人的发展目标是否科学,还有哪些地方需要完善。

(4)结合职业生涯规划相关理论和方法,制作一份个人发展计划书。

【操作步骤】

(1)邀请职业生涯规划领域的专家来做报告,从专业的角度来指导学生认识职业生涯规划的意义,并学会对自己的人生进行有效的规划,从各方面指导学生更好地度过四年的大学时光。

(2)讲座中安排专家为学生答疑解惑,针对学生的个体特点进行指导。

(3)学生在听完讲座后,可以根据讲座的内容和讲授的方法、技巧来制作一份个人发展计划书,内容可包括对自身性格、爱好的分析,所学专业的就业方向及前景分析,职业选择分析,确定未来大学四年的努力目标和行动计划等方面。

(4)提交个人发展计划书(或我的大学生活——成长与人生规划),教师可对学生进行分组(5~8人/组),让学生以小组为单位,就个人发展计划书进行讨论,找出设计中的优缺点,完善学习和成长计划,以增强其可行性,从而更好地指导学生的发展。

【实训效果评价】

1.作业设计

我的大学生活——成长与人生规划

姓名:

二级学院:　　　　　　专业:　　　　　　学号:

联系电话:

电子邮件:

(1)自我评估。

①性格。

②兴趣、爱好。

③专业技能。

④价值观。

⑤自身优势、劣势。

(2)大学生活成长规划。

①大学生活总体规划。

②我的专业规划。

a.目前所学专业的社会需求如何。

b.所学专业与本人兴趣匹配度如何。

c.如何深化和拓展所学专业。

(3)职业生涯发展规划。

①职业分析。

②职业定位。

(4)实施方案。

(5)结束语。

2.评价样表

评价内容	评价项目	成绩	备注
个人发展计划书 (我的大学生活—— 成长与人生规划)	相关理论与方法的运用		
	个人发展计划书的有效性		

3.评价指标

(1)对职业生涯规划相关理论和方法的熟悉程度。

(2)小组交流情况。

(3)讲座出勤及互动情况。

(4)个人发展计划书的有效性。

4.评价方式

教师结合学生听讲座过程中的互动情况,并结合学生制作的个人发展计划书,给出实践教学成绩。分为五个等级:

优秀——积极参与讲座过程中的互动、交流,个人发展计划书内容完整、详细,能够理性地分析出自身的性格、爱好及特点,就业前景分析和目标制订合理,行动计划切实可行,操作性强。

良好——积极参与讲座过程中的互动、交流,个人发展计划书内容比较详细,能够理性分析出自身的性格、爱好及特点,就业前景分析和目标制订合理,行动计划可行。

中等——参与讲座过程中的互动、交流,个人发展计划书内容比较详细,能够分析出自己的性格、爱好,制订了一定的目标,并有意识地选择了一定的方式来实现目标。

及格——参与讲座过程中的互动、交流不够主动,个人发展计划书内容较全面,能够分析出自己的性格、爱好,制订了一定的目标,并有意识地选择了一定的方式来实现目标。

不及格——没有参与讲座过程中的互动、交流,个人发展计划书内容不全,不能分析出自己的性格、爱好,目标制订虚无缥缈,没有可行性。

1.3.2 实训方案二 "大学,你规划好了吗?"问卷调查

【实训目的】

通过实训,大学生要加强自律性,尽快确立明确的目标,以便给自己的大学生活做详细的规划,从而增强大学学习的自主性。

【实训性质】

校内课外实践＋校内课堂实践。

【实训学时】

10 学时。

【内容体系】

制作调查问卷—发放并回收问卷—分析并得出结论。

【组织安排】

调查前教师必须组织社会调查方法专题讲座,强调问卷制作、发放、统计及分析中的注意事项。要将校内课外调查成果与课堂交流有机结合。

【实训要求】

(1)调查活动应分工合作,各尽其责。

(2)问卷设计的问题应与调查主题相关,且较为全面。

(3)问卷统计、分析应科学、合理,符合逻辑。

【操作步骤】

(1)教学班分为若干实训小组,5～8 人/组为宜,组长负责小组实践活动的组织和督促,同时协助教师进行成绩评定工作。

(2)在教师指导下,各小组自行设计调查问卷。

(3)各小组进行有效分工,在组长的统一安排下进行问卷的发放与回收。

(4)在教师指导下,各小组独立对问卷进行统计和分析。

(5)各小组相互交流,统一安排课堂活动进行成果分享。分享过程中教师及时参与互动,并进行指导。

【实训效果评价】

1. 作业设计

制作"大学,你规划好了吗?"调查问卷。参照样卷。

亲爱的同学:

您好! 首先对您能接受问卷调查表示诚挚的感谢! 我们正在做一次关于"新生对大学生活的规划"的不记名调查,希望通过这次调查能了解您的大学生活规划情况,请您百忙之中抽空真实地填写这份问卷。我们保证此问卷只做内部统计使用,不向任何单位和个人出示,非常感谢您的积极参与。

填写说明:所有题目都为选择题,请将相应选项填在括号里。

(1)你了解你所学的专业吗? (   )

A. 不了解　　　　　B. 基本了解　　　　　C. 很了解

(2)你对于自己平均成绩的要求是(   )。

A. 优秀　　　　　B. 良好　　　　　C. 及格　　　　　D. 无所谓

(3)你在大学期间打算谈恋爱吗? (　　)

A.打算　　　　　　　B.没考虑　　　　　　　C.不打算

(4)你周末大部分时间怎么度过? (　　)

A.学习　　　　　　　B.上网　　　　　　　C.休息　　　　　　　D.兼职

E.旅游参观　　　　　F.参加校内外的各种活动　　　　　　　G.其他

(5)你可能会尝试什么样的兼职工作? (　　)

A.家教类　　　　　　B.推销促销类　　　　　　C.服务员类

D.技术技能类　　　　E.其他　　　　　　　F.不会考虑

(6)你大学毕业之后有什么打算? (　　)

A.就业　　　　　　　B.创业　　　　　　　C.考研　　　　　　　D.出国留学

E.考公务员　　　　　F.其他　　　　　　　G.还不清楚

2.评价样表

评价内容	评价项目	成绩	备注
"大学,你规划好了吗?"问卷调查	问卷设计问题的相关性和逻辑性		
	分析和结论的有效性		

3.评价指标

(1)调查分工情况。

(2)问卷设计问题的相关性、逻辑性、数量等方面。

(3)问卷发放、回收、分析的科学性。

4.评价方式

教师根据学生制作的调查问卷和对调查问卷的统计、分析,给出实践教学成绩。分为五个等级:

优秀——问卷问题设计合理,内容与主题密切相关,全面而又符合逻辑,问卷结果分析严谨、科学。

良好——问卷问题设计得比较合理,内容与主题相关,全面而又符合逻辑,问卷结果分析科学。

中等——问卷问题设计得较为合理,内容与主题相关,且符合逻辑,问卷结果分析没有重大错误。

及格——问卷问题设计得较为合理,内容与主题相关,问卷结果分析没有重大错误。

不及格——问卷问题设计不合理,内容偏离主题,逻辑性差,问卷结果分析出现重大错误。

1.3.3　实训方案三　"我的青春不迷茫"主题调研

【实训目的】

了解大学特点,确立自立意识,帮助新生尽快适应大学生活。

【实训性质】

校内实践。

【实训学时】

7学时(调研设计1学时;调研3学时;分析、汇总资料及调研总结3学时)。

【内容体系】

调研方法主题讲座—调研准备(拟订调研计划、设计调研形式及题目)—开展主题调研(正式调研,调研材料整理、分析)—调研成果汇报展示(撰写调研报告、组织经验交流)。

【组织安排】

做好社会调查方法传授,组织安排主题调研前期策划和设计,推动调研成果交流分享。注意有效调控整个调研过程。

【实训要求】

以小组为单位,调研新生大学生活状况,在分析和讨论的基础上,撰写调研报告,召开适应大学学习生活经验交流会。实训中要突出调研问题的针对性和调研结果的指导性。

【操作步骤】

(1)教师主持讲授调研知识。

(2)以小组或班级为单位策划、设计调研方案。

(3)任课教师指导各组制订调研方案和计划。

(4)各组在指导教师和组长的统一组织下,按调研计划有序开展调研准备工作及调研工作。

(5)整理资料,形成调研报告。

(6)在调研报告基础上召开主题调研活动总结交流会,展示调研成果。

(7)评选优秀团队。

【实训效果评价】

1.作业设计

制作调查问卷,撰写调查报告。

调查提纲:

理想——我想象中的大学生活;

现实——我感受到的大学生活;

困惑——我遇到的困难和挑战;

宣言——我将怎样适应大学生活?

2.评价样表

评价内容	评价项目	成绩	备注
调研报告	调查问卷的设计和分析是否科学合理		
	调研报告的撰写是否符合要求		
调研总结	调查内容和调查结果的实效性和针对性		

3．评价指标

这一实训主题的评价主要参照以下几项指标：

①学生参与度情况。

②调查问卷的有效性。

③调研报告撰写的质量。

④小组交流与活动成果分享情况。

4.评价方式

"我的青春不迷茫"主题调研,教师结合学生自我评价,按优秀、良好、中等、及格、不及格五个等级做出评价,计入实践成绩。

实训项目 2　　感悟青春　放飞理想

> 一个人如果没有努力为之追求的理想和信念，就等于没有灵魂。
>
> ——李大钊

2.1　案例导入

守望梦想

【案例呈现】

北京时间 2017 年 9 月 15 日 23 点 23 分，我国著名天文学家、国家重大科技基础设施建设项目——500 米口径球面射电望远镜（FAST）工程首席科学家、总工程师南仁东教授因病逝世，享年 72 岁。此前的 23 年时间里，他从壮年走到暮年，把一个朴素的想法变成了国之重器，成就了中国在世界上独一无二的项目——世界最大口径的射电望远镜 FAST。他为科学事业奋斗到生命的最后一刻，体现了胸怀祖国、服务人民的爱国情怀，敢为人先、坚毅执着的科学精神和淡泊名利、忘我奉献的高尚情操，他的事迹在社会上引起热烈反响。

FAST 采用中国科学家独创设计，并结合我国贵州南部喀斯特洼地的独特地形条件，建成了一个约 30 个足球场大小具有我国自主知识产权的高灵敏度巨型射电望远镜。它的落成启用，对我国科学前沿实现重大原创突破、加快创新驱动发展具有重要意义。

在人民日报所发的微博视频里有南仁东教授生前的访谈记录，这位老人的声音不大，甚至还有点沙哑。但是，就是这么一位说话声音恐怕传不出 13.7 米外的老人，以自身的光和热，将人类的眼睛和耳朵伸向了 137 亿光年之外！

建造一个属于中国的大型射电望远镜，是他，也是所有中国天文学界人士长久以来的梦想。"看到别的国家都有自己的大设备，但我们国家没有，我挺想试一试。"——这是他谈建造 FAST 的初心。广阔的视野与崇高的使命感，让他从未退缩。1994 年起，他一直负责FAST 的选址、预研究、立项、可行性研究及初步设计。2016 年 9 月 25 日，其主持的 FAST落成启用。为了建造一个中国的大型射电望远镜，南仁东琢磨了大半辈子，奉献了自己毕生所学。

1963 年，18 岁的南仁东以吉林省的高考理科状元的身份[平均 98.6 分（百分制）]，如愿以偿地迈进清华大学。毕业后，被分配到长白山一个无线电厂。在那段长达十年的庸常岁月，他对开山放炮、水道、电镀、锻造等都在行，成为厂里的技术科长。"文化大革命"后，他 33 岁成为北京天文台天体物理学研究生，42 岁博士毕业。改革开放后，他代表中国天文台的专家曾在国外著名大学当过客座教授，做过访问学者，还参加过十国大射电望远镜计划。这位驰骋于国际天文界的科学家，曾得到美国、日本天文界的青睐，在日本国立天文台担任客座教授期间享受世界级别的科研条件和薪水。他却在 20 世纪 90 年代中期毅然舍弃高薪,回国就任中国科学院北京天文台副台长。

"天眼"曾是一个大胆到有些突兀的计划,不少人将其看为"空中楼阁",认为不切实际,然而,南仁东却用生命的 23 载,将其实现。1993 年,在日本东京召开的国际无线电科学联盟大会上,中国、南非、澳大利亚、日本等十多个国家的天文学家提出,联合建造新一代射电大望远镜,由数千个较小的碟形天线组建成达一平方公里的射电阵(Square Kilometer Array,SKA)。南仁东获悉后,满怀激动,认为中国也应当建一个,提出建设一台 500 米口径的球面射电天文望远镜。很多人都认为这不可能实现,是一个狂妄的梦想。当时,国内天文望远镜最大口径只有 25 米。

1994 年,南仁东开始为 FAST 项目选址,正式踏上逐梦之路。南仁东带着 300 多幅卫星遥感图,跋涉在中国西南的大山里。他要寻找当地的窝凼——几百米的山谷被四面的山体围绕,正好挡住外面的电磁波。谁也没想到,仅选址就耗时 12 年。研究团队建立了 391 个候选洼地的地形地貌数据库,再从中精选出 90 多个,随后进行漫长的实地勘察。踏遍青山,最终选中了贵州省平塘县的大窝凼。仅利用具有天然隔离性地处喀斯特地貌群的大窝凼就为国家节约 30 多亿元。

为这项创新,南仁东带着他的团队鼓捣了十多个年头。"天眼"FAST,是一个涉及天文学、力学、机械、电子学等诸多领域的大科学工程,没有先例可循。正是因为这个"世界独一无二的大科学工程",南仁东把科学家爱跟自己较劲的精神发挥到了极致。工程建设过程中要做锁网变形,既要受力,又要变形,在工业界没什么现成技术可以依赖。国家标准是 10 万次伸缩,而 FAST 需要 200 万次的伸缩,南老自己提出的特殊工艺支撑起 FAST 的外形。FAST 项目有不少创新,其中荦荦大端者有三个。首先,利用天然喀斯特巨型洼地作为望远镜台址,使得望远镜建设突破百米极限;其次,自主发明主动变形反射面,在观测方向形成 300 米口径瞬时抛物面汇聚电磁波;最后,自主提出轻型索拖动馈源支撑系统和并联机器人,实现望远镜接收机的高精度指向跟踪。

"科学与艺术是可以相结合的",这是南仁东常常挂在嘴边的一句话。建设六座馈源支撑塔时,在大窝凼那个地方要找到平地非常难。在这种情况下,有人建议差不多就行了。但是,他明确表示不行,六个塔一定要均匀分布,看起来才有美感。有了他的坚持,大窝凼变成一个现代机械美感与自然环境完美契合的工程奇迹,"中国天眼"成为一道美丽的科学风景。23 年中,南仁东殚精竭虑,带领老中青三代科技工作者克服了不可想象的困难,实现由跟踪模仿到集成创新的跨越。

从提出建设射电望远镜的概念,到最为艰难的选址,再到攻克技术上的一个又一个难关,与此前著称于世界的两个最大射电望远镜相比:一个是号称"地面最大机器"的德国波恩 100 米望远镜,另一个是被评为人类 20 世纪十大工程之首的美国阿雷西博 300 米望远镜,FAST 的灵敏度比德国波恩 100 米望远镜提高约 10 倍,比美国阿雷西博 300 米望远镜提高约 2.25 倍,并且在观测时会变换角度,接收更广阔、更微弱的信号。数千块单元组成的球面主动反射面技术是由南仁东主导的 FAST 最大创新点之一。主动反射面技术在以往的射电望远镜中虽已有应用,但都用在小范围的改变上,目的是通过改变单元反射面的位置来保持整个反射面的抛面形状,而 FAST 的反射面要进行大范围的运动,每一个单元反射面的作用是要将球面改成抛物面,通过主动的变形实现对天体跟踪式的观测。而要实现这种跟踪观测,对反射面上空的馈源舱定位精度要求很高。目前规模世界第二的美国阿雷西博射电望远镜球面口径为 305 米,由 100 米高的三座铁塔支撑着一个重达 500 吨的三角形平台和可移动馈源臂,以及下方悬挂着的重 75 吨的圆屋组成馈源舱,FAST 的馈源舱使用了名为"轻型索拖动馈源支撑系统"的新设计方案,由六座支撑塔吊起六根钢索,通过索长度的收放,调节馈源接收机与发生形变的反射面之间的相对位置关系,实现高精度定位。

如今,尚处于调试阶段的 FAST,就已经探测到数十个优质脉冲星候选体,其中 8 颗得到国际认证,实现中国望远镜发现脉冲星"零"的突破。人类过去 60 年来发现的脉冲星总计 2700 多颗。国内外同行预计,FAST 有可能发现的数量将是过去的两三倍。

在 FAST 的新起点上,更多的科研工作者们延续着南仁东的足迹,在探索宇宙与未来的征途上继往开来,砥砺前行。"美丽的宇宙太空,以它的神秘和绚丽,召唤我们踏过平庸,进入它无垠的广袤!"

——吴丽玮,《三联生活周刊》,已改编

【案例评析】

南仁东(1945.02—2017.09.15),男,天文学家、中国科学院国家天文台研究员。曾任 FAST 工程首席科学家兼总工程师,负责国家重大科技基础设施 500 米口径球面射电望远镜(FAST)的科学技术工作。中央宣传部 11 月 17 日向全社会公开发布南仁东的先进事迹,追授他"时代楷模"荣誉称号。

南仁东是国家重大科技基础设施建设项目——"中国天眼"500 米口径球面射电望远镜工程的发起者和奠基人。他主导提出利用我国贵州省喀斯特洼地作为望远镜台址,从论证立项到选址建设历时 23 年,主持攻克了一系列技术难题,为 FAST 重大科学工程的顺利落成发挥了关键作用,作出了重要贡献。他不计个人名利得失,长期默默无闻地奉献在科研工作第一线,与全体工程团队一起通过不懈努力,迈过重重难关,实现了中国拥有世界一流水平望远镜的梦想。

南仁东是勇担民族复兴大任的"天眼"巨匠,他为科学事业奋斗到生命的最后一刻,用无私奉献的精神谱写了精彩的科学人生,鲜明体现了胸怀祖国、服务人民的爱国情怀,敢为人先、坚毅执着的科学精神,淡泊名利、忘我奉献的高尚情操,真诚质朴、精益求精的杰出品格。他不愧为广大科技工作者的优秀代表,不愧为全社会学习的榜样。

【案例思考】

(1)理想和信念对一个人的成长、成才有何意义?

(2)大学生应该如何树立科学的理想和信念?

(3)你如何理解科学精神与民族责任感?

(4)你怎样看待国家前途与个人命运?

"两弹一星"
功勋科学家
钱学森

2.2 实训目标和意义

2.2.1 理论教学目标

通过实训,大学生树立马克思主义的人生信念,坚定为实现中华民族伟大复兴而奋斗的远大理想。

2.2.2 重点·难点·热点

重点:理想与信念对大学生成长、成才的重要意义。

难点:如何通过实践把理想转化为现实?

热点:当代大学生理想、信念状况调查。

2.2.3 理论联系实际

实训项目主要结合《思想道德修养与法律基础》和《马克思主义基本原理概论》相关内容开展。

2.2.4 实训教学目标

学生积极、主动地思考自己的人生目标,将理想的努力实现落实为自我完善的具体过程,并能正确地对待理想实现过程中的困境与挫折,从现在做起,为实现自己的目标和理想而勤奋学习,不断努力,化理想为现实。

2.3 实训形式和操作

实训形式:主题演讲比赛,思政论坛,观看教学影片,主题调研,主题辩论赛。

2.3.1 实训方案一 "感悟青春 放飞理想"主题演讲比赛

【实训目的】

通过"感悟青春 放飞理想"主题演讲比赛,学生积极、主动地思考自己的人生目标,树立远大的理想,认清实现理想的艰巨性和曲折性,从现在做起,为实现自己的目标和理想而勤奋学习,不断努力,在实践中化理想为现实。

【实训性质】

校内课堂实践。

【实训学时】

5 学时(学生准备 2 学时,主题演讲比赛 3 学时)。

【内容体系】

动员—分组—预赛—决赛。

【组织安排】

实践课教学中要提前通知学生演讲比赛的主题和相关安排,可以与全院实践课教师合作,统一安排。各二级学院预赛后在全院范围内展开决赛。也可采取班级预赛,二级学院决赛的方式。

【实训要求】

(1)撰写演讲稿。演讲稿要遵循以下原则:第一,主题明确,要紧扣"感悟青春　放飞理想"这一主题;第二,行文流畅,符合演讲稿格式要求和规范;第三,具有感染力,力求做到晓之以理,动之以情。

(2)演讲预赛。将全班按5~8人/组进行分组,每个学生都要参加小组预赛,比赛中演讲者要注意声音、表情和肢体语言的应用。

(3)演讲决赛。安排各组在预赛阶段中的优胜者参加决赛。

演讲以班级分享的形式,先在小组内参加预赛,优胜者再参加决赛。教师全程参与学生的实训活动。

(4)演讲作品要求:体裁不限、主题鲜明、观点新颖、文字简洁,具有较强的创新性和时代性,有一定的理论高度,能反映当代大学生的理想。

(5)必须脱稿演讲,要求语言流畅、演讲技巧娴熟,具有较强的感染力。选手可以根据自己的需要在演讲过程中添加营造氛围的创意。

【操作步骤】

(1)以班级为单位,比赛分预赛和决赛两个阶段。预赛阶段鼓励学生全部参加,然后从中选出若干名学生参加决赛。

(2)邀请几位教师当评委,决赛阶段可以采取当场给分的方式。

(3)时间限制:4~5分钟/位。

(4)具体流程:①主持人上场,宣布比赛开始,介绍出席嘉宾,宣布要求及评分细则;②比赛开始,选手按顺序演讲;③主持人宣布得分;④评委点评;⑤主持人宣布晋级选手名单或获奖选手,由评委颁奖。

【实训效果评价】

1.作业设计

演讲稿题目				学时	5
参考文献	作者	书名	出版单位	出版时间	
文献综述					

演讲稿主要内容 （1000～1500 字）	

演讲时间		演讲地点		演讲成绩	
小组演讲		组长签字			
班级演讲		任课教师签字			
学院		姓名		学号	
评阅教师		评阅等级		评阅日期	

2.评价样表

评价内容	评价项目	分值/分	成绩/分	备注
"感悟青春　放飞理想" 主题演讲比赛	演讲稿撰写	30		
	演讲内容	30		
	语言表达	20		
	情绪	10		
	着装	10		

总分：

3.评价指标

(1)学生参与度情况。

(2)演讲稿的撰写是否符合要求。

(3)演讲过程中的声音、表情和肢体语言的运用。

4.评价方式

"感悟青春　放飞理想"主题演讲比赛,设置一等奖 1 名、二等奖 2 名、三等奖 3 名、优秀奖若干名,并颁发荣誉证书,以小组为单位计入实践成绩。

2.3.2　实训方案二　"当代大学生理想、信念、价值观状况"主题调研活动

【实训目的】

本实训通过主题调研活动,了解当代大学生的理想、信念、价值观状况,增强大学生树立科学的理想、信念和正确的价值取向的责任感和紧迫感,提高大学生学习的主动性和分析问题、解决问题的能力。

【实训性质】

校内课外实践＋校内课堂实践。

【实训学时】

10 学时。

【内容体系】

调研方法专题讲座—调研准备—组织调研—成果展示。

【组织安排】

本次主题调研活动应重视前期调查问卷的设计,中期有效问卷的回收、统计和分析,以及后期调研报告的撰写。应组织学生提前学习社会调查学的一些基本理论和方法,然后以小组为单位,结合身边的热点问题设计调查问卷。最后以小组为单位提交一份调查报告。

【实训要求】

(1)各班学生分为若干调研小组(每组以 10 人为宜),组长负责小组调研活动的组织和协调,同时协助教师进行调研管理和成绩评定工作。

(2)调研要遵循以下原则:第一,理论联系实际;第二,结合身边热点;第三,要符合社会调研的一般原理和方法。

(3)调研以小组为单位,完成调查问卷的制作、回收及分析后,最终以调研报告的形式来体现。

【操作步骤】

(1)结合理想、信念与价值观教学专题,组织学生分组设计调查问卷,主题是"当代大学生理想、信念、价值观状况"。

(2)指导学生在全校范围内发放问卷,并在分析问卷结果的基础上撰写调研报告。

(3)学生以学习小组为单位提交一份不少于 2000 字的有关当代大学生理想、信念和价值观方面的调研报告。

(4)根据学生提交的报告开展本次实践活动的评分工作。

【实训效果评价】

1. 作业设计

调研报告名称						学时	4
调研时间			调研地点		调研方式		
主题调研资料清单		视频资料					
		文字资料					
		图片资料					
		其他资料					

主题调研图片粘贴处

调研活动过程简介	内容包括:你对大学生理想、信念、价值观的现状调研活动是如何策划的?调研活动历时多长时间? 一共调研了多少地方、多少人? 发放了多少份问卷? 获得了哪些重要资料?

大学生理想、信念、价值观的基本情况	主要包括大学生理想、信念、价值观的总体情况。可以具体细化为以下内容:交友观、婚恋观、金钱观、名利观、择业观、道德观等的现状和表现

基本结论	你对当前大学生理想、信念、价值观的现状调研情况的总结和根据调查问卷分析所得出的结论

对策及建议	根据上述调研的结论,给出自己的对策及建议

学院		姓名		学号	
评阅教师		评阅等级		评阅日期	

2. 评价样表

评价内容	评价项目	成绩	备注
"当代大学生理想、信念、价值观状况"主题调研活动	调查问卷的设计和分析是否科学、合理		
	调研报告的撰写是否符合要求		

3. 评价指标

(1)学生参与度情况。

(2)调查问卷的有效性。

(3)调研报告撰写的质量。

(4)小组交流与活动成果分享情况。

4. 评价方式

教师结合学生自我评价,按优秀、良好、中等、及格、不及格五个等级做出评价。

2.3.3　实训方案三　"当代大学生理想、信念、价值观状况"主题辩论赛

【实训目的】

本实训要充分体现学生学习的主体性。通过辩论,学生要认识到理想、信念与价值观判断是一个人成长、成才的必要条件,进而帮助其形成科学的人生观、价值观。

【实训性质】

校内课堂实践。

【实训学时】

5 学时(学生准备 2 学时,主题辩论 3 学时)。

【内容体系】

赛前准备—开展辩论赛—撰写赛后感言。

【组织安排】

实践课教学中要提前通知学生辩论比赛的主题和相关安排,可以与全院实践课教师合作,统一安排。各二级学院初赛后在全院范围内展开决赛。也可采取班级初赛,二级学院决赛的方式。

【实训要求】

(1)赛前准备。

以小组为参赛单位,在比赛开始前,各组长提交一份 1000 字左右的文字资料,内容包括主要论点、论据,对对方的立论分析以及有关辩论的战略战术。(供评委作为评分参考)

(2)开篇立论。

要求逻辑清晰,言简意赅,读稿或者延时均要被扣分。

(3)攻辩。

①攻辩双方必须单独完成本轮攻辩,不得中途更换。

②攻辩阶段,提问和回答都必须简洁明确。重复提问和回避问题都要被扣分。每一轮攻辩,攻辩角色不得互换,即辩方不得反问,攻方也不得回答问题。

③正反双方的攻辩小结要根据攻辩阶段的态势及涉及的内容来组织,严禁脱离比赛实际的背稿。

(4)自由辩论。

正反方辩手自动轮流发言。发言辩手落座为发言结束,亦为另一方发言开始的计时标志。另一方辩手必须紧接着发言;若有间隙,照常累计时间。同一方辩手的发言次序不限。如果一方时间已经用完,另一方可以继续进行。自由辩论提倡积极交锋,对重要问题回避交锋两次以上的扣分;对于对方已经明确回答的问题仍然纠缠不休的,适当扣分。

(5)总结陈词。

辩论双方应根据辩论赛整体态势进行总结陈词,脱离实际、读稿者均要适当扣分。

【操作步骤】

(1)以小组为单位组织相关材料。

(2)以小组为单位,在本班范围内进行辩论大赛。

(3)具体流程:

①主席致开场词。

②主席介绍正反双方队员、评委、嘉宾,并宣布比赛开始。

③开篇立论。

a.正方一辩发言(3 分钟)。

b.反方一辩发言(3 分钟)。

④攻辩阶段。

a.正方二辩选择反方二辩或三辩提问(提问时间不得超过 1 分钟,回答时间不得超过3 分钟)。

b.反方二辩选择正方二辩或三辩提问(提问时间不得超过 1 分钟,回答时间不得超过3 分钟)。

c.正方三辩选择反方二辩或三辩提问(提问时间不得超过 1 分钟,回答时间不得超过3 分钟)。

d.反方三辩选择正方二辩或三辩提问(提问时间不得超过 1 分钟,回答时间不得超过3 分钟)。

e.正方一辩进行攻辩小结(1 分钟)。

f.反方一辩进行攻辩小结(1 分钟)。

⑤自由辩论阶段（20 分钟，双方各累计 10 分钟）。

⑥总结陈词。

a. 正方四辩总结陈词（3 分钟）。

b. 反方四辩总结陈词（3 分钟）。

⑦观众提问：一名观众只能提一个问题。

⑧主席请评判团退席进行评议、裁决。

⑨评判团退席期间，观众可就辩题发表看法。

⑩主席请本场评判代表分析赛况。

⑪主席宣布比赛结果。

⑫比赛结束，退场。

注：每位辩手发言时间剩 30 秒时会有铃声提示，当时间用完时也会有铃声提示，此时辩手必须停止发言。

（4）参赛学生及观赛学生均需撰写参与感言或观看感言。

【**实训效果评价**】

1. 作业设计

辩论题目		学时	4
时间		地点	
辩论稿内容提要			
辩论赛的启示和教育 （800～1000 字）			

学院		姓名		学号	
评阅教师		评阅等级		评阅日期	

2.评价样表

评价内容	评价项目	分值/分	成绩/分	备注
"当代大学生理想、信念、价值观状况"主题辩论赛	审题	20		
	论证	20		
	辩驳	20		
	配合	20		
	辩风	20		
总分:				

3.评价指标

(1)审题:对所持立场是否从逻辑、理论、事实等多层次、多角度进行理解;论据是否充分;推理是否明晰。

(2)论证:论证是否有说服力;论据是否充分;推理过程是否合乎逻辑;事实引用是否得当。

(3)辩驳:提问题能否抓住对方要害,问题简单明了,在规定时间内没有提出问题或提问不清要适当扣分;是否正面回答对方问题,能否给人以有理有据的感觉,不回答或不正面回答问题要适当扣分。

(4)配合:是否有团队精神,能否相互支持;论辩衔接是否流畅;自由辩论时发言是否有理有据;回答是否形成一个有机整体,给对方以有力打击。

(5)辩风:是否语言流畅,用词得当,语调抑扬顿挫,语速适中;是否尊重对方辩友,尊重评委;是否形象得体,落落大方,具有幽默感。

4.评价方式

任课教师检查学生的辩后感言,给出实践教学环节成绩,并对参与辩论的同学进行适当表彰和奖励。

2.3.4　实训方案四　"牢记时代使命,书写人生华章"演讲比赛

【实训目的】

通过活动激发青年大学生对祖国的强烈责任心和高度责任感。呼吁青年大学生要有坚定的理想、信念。正确认识个人成长与国家发展的关系。增强对祖国未来建设的信心,进而促进学生以积极的心态和饱满的学习热情,为投身有中国特色的社会主义建设事业做准备。充分认识到祖国的发展、民族的复兴是我们义不容辞的责任和义务。作为当代青年,我们应该勇于担当、不辱使命,把自己的理想融入整个民族的共同理想之中,在为祖国、为人民的不懈奋斗中实现自己的人生价值。

【实训学时】

10学时(学生准备5学时,知识竞赛5学时)。

【内容体系】

动员—分组—初赛—决赛。

活动以"牢记时代使命,书写人生华章"为主题,充分展示当代大学生的风采和才能。鼓励学生以各种新颖的视角和方式表达对祖国的热爱,增强学生的民族责任感和使命感,坚定实现民族伟大复兴的自信心。

【组织安排】

采取以班级、小组或个人的形式,由教师指导学生进行。

【实训要求】

(1)教师做好充分的动员。

(2)学生围绕演讲比赛主题,撰写规范演讲稿。由指导教师对演讲稿进行修改,同时对学生进行演讲指导。

(3)任课教师利用课堂教学时间组织演讲比赛初赛,按每个教学班学生人数的适当比例,遴选优秀选手参加决赛。

(4)提前联系竞赛用场地,确保活动的开展不影响学生的正常学习。

(5)教师在实训过程中做好组织和指导工作。

(6)学生和教师共同组成评委,对优秀学生给予物质和精神奖励。

【操作步骤】

(1)确定选手参加比赛。

参赛选手组:每一思政实践课学习小组推荐一名选手参加初赛。初赛后按 5% 的比例推荐复赛选手。选手赛前准备。

评委组:评委组由若干学生组成。负责确定评委人员分工,制订评分标准。

(2)初赛。

(3)复赛。

(4)决赛并根据排名颁奖。

(5)参赛选手提交演讲稿,每一自然班学生提交一份主题演讲活动记录,作为这一实训活动书面作业。

【实训效果评价】

1.作业设计

演讲稿题目				学时	5
参考文献	作者	书名	出版单位	出版时间	

续表

文献综述	

演讲稿主要内容 (1000～1500 字)	

演讲时间		演讲地点		演讲成绩	
小组演讲		组长签字			
班级演讲		任课教师签字			
学院		姓名		学号	
评阅教师		评阅等级		评阅日期	

2. 评价样表

评价内容	评价项目	分值	成绩	备注
演讲稿撰写	主题鲜明,内容丰富	25		
	题材新颖,真情流露,富有时代感	10		
	文笔流畅,富有感染力	10		
语言表达	脱稿演讲,语言规范,口齿清晰	20		
	普通话标准,发音准确,表达流畅	10		
	事例鲜活,情感丰富,肢体语言,激情昂扬	10		
仪态表情	衣着整洁,仪表大方	5		
	表情自然,举止得体	5		
时间把握	时间把握准确	5		

总分:

3.评价指标

(1)学生参与度情况。

(2)演讲稿的撰写是否符合要求。

(3)演讲过程中的声音、表情和肢体语言的运用。

4.评价方式

"牢记时代使命,书写人生华章"主题演讲比赛,设置一等奖 1 名、二等奖 2 名、三等奖 3 名、优秀奖若干名,并颁发荣誉证书,以小组为单位计入实践成绩。

实训项目3 伟大的民族 伟大的国家

爱国不是做买卖,值得与否,并不是第一要义。

——鲁迅

3.1 案例导入

3.1.1 邓小平:我深深地爱着我的祖国和人民

【案例呈现】

毛泽东同志说过这样的话:"国际主义者的共产党员,是否可以同时是一个爱国主义者呢? 我们认为不但是可以的,而且是应该的。"我荣幸地以中华民族一员的资格,而成为世界的公民。我是中国人民的儿子。我深深地爱着我的祖国和人民。我们的民族曾经创造过灿烂的古代文明,也经历过各种深重的苦难和进行过付出巨大代价的、坚韧不拔的斗争。现在,我们正在认真地总结经验和教训,在安定团结的基础上,集中力量建设高度发展的物质文明和社会主义的精神文明。中国人民将通过自己的创造性劳动根本改变自己国家的落后面貌,以崭新的面貌,自立于世界的先进行列,并且同各国人民一道,共同推进人类进步的正义事业。我深深地相信,中国的未来是属于中国人民的,世界的未来是属于世界人民的。

…………

——《邓小平文集》序言

【案例评析】

这段话是邓小平同志为英文版《邓小平文集》写的序言。序言文字朴实,感情真挚,字里行间洋溢着强烈的民族自尊心与自信心。邓小平同志深厚的爱国之情已完全融入为实现祖国的繁荣富强、统一、独立自主而进行的呕心沥血的理论探索和社会主义现代化建设的实践中。"我是中国人民的儿子。我深深地爱着我的祖国和人民。"这句饱含深情的话语,表明邓小平同志正是以这种高尚赤诚的情怀,在一生中特别是在三起三落的人生历程中始终不渝地坚守自己的理想信念和人生价值观。

邓小平是一个伟大的马克思主义者,又是一个杰出的爱国主义者。他为社会主义、共产主义事业奋斗的一生,是与他爱国主义的一生融为一体的。当他成长为一个共产主义者时,他强烈的民族意识和爱国情感必然升华到一个崇高的境界,从而把自己的命运融入中华民族的前途之中,为中华民族的崛起、屹立于世界民族之林而不懈奋斗。

北海牧羊,
忠贞不屈的
使者

【案例思考】

(1)谈谈你对祖国、家乡的感情。

(2)请你谈谈个人与祖国的关系。

3.1.2　爱国热情不能与戾气同行

【案例呈现】

爱国是一种美好的情操,也是一种有边界的行为,表达爱国热情不能悖逆公序良俗,更不能脱离法制轨道,否则就会亲者痛、仇者快。

9 月 14 日 6 时许,由中国海监 50、15、26、27 船和中国海监 51、66 船组成的两个维权巡航编队抵达钓鱼岛及其附属岛屿海域,对附近海域进行维权巡航执法。这是我国政府宣布中华人民共和国关于钓鱼岛海域领海基线的声明之后,首次对该海域进行维权巡航执法,宣示了我国对该岛屿及海域的所有权和管辖权。

就在海监船于海上维权巡航之时,中国内地也发生了多起民众保钓示威行动。官方和民间联动,显示了中国政府和人民维护国家海洋权益的坚定意志和决心。与此同时,一些非理性的抗议活动屡有发生:抵制日货的民间情绪高涨,甚至有人当众打砸或焚烧日系车;某些地方发生了袭击日本人的过激行为。这些不理智之举对于解决问题并无裨益,有些还突破了法律的边界。

“抵制日货”是源自 20 世纪中日战争时的爱国口号,但七八十年之后的今天,两国的实力对比和贸易往来早已今非昔比。抵制日货是一种态度,但想以此来给对方施加压力,进而达到解决领土争端的目的却有些天真。首先,过去的 30 年也是中国经济和日本经济深度交融的 30 年,小到电器中的芯片,大到摄像器材和汽车,日系产品都占有半壁江山。抵制日货固然可以造成日本厂商的损失,却也必然给中国人的生活带来不便。抵制的时间短了,不起作用;抵制的时间长了,这柄双刃剑会把双方割得遍体鳞伤。不知道今日高喊抵制日货的民众,是否真的做好了长期付出代价的准备? 其次,中日之间的贸易和投资关系盘根错节,很多企业都是你中有我、我中有你,合资生产,所谓“抵制日货”究竟是抵制了日货,还是抵制了国货,有时很难说得清楚。因而,抵制日货可以是公民的个人选择,可以是表达爱国情绪的姿态,但也仅此而已。

至于说打砸和烧毁日系汽车,更是不值得提倡的行为。就算损毁自己的车,这种当街作秀式的行为,也在很大程度上沦为了网络娱乐事件,有几个人会打心眼里佩服这种行为,因此而增进爱国之心? 而那些在戾气驱使下砸毁别人汽车的行为,则是不折不扣的违法行为。日本政府侵占钓鱼岛,他们却侵犯同胞的私有财产,其行事逻辑荒唐无稽,其行为方式涉嫌犯罪。

钓鱼岛问题的解决,要靠摆事实、讲道理,更要靠综合国力的较量。民间的声音既可以影响对手的心态,又可以提振本国的士气。重要的是,当事态真的到了箭在弦上、不得不发的时候,政府和民众要形成合力,以合情、合理、合法、有效的手段,坚决捍卫国家利益。

——《北京青年报》,2012-09-15,已改编

【案例评析】

中国和日本,作为一衣带水的邻邦,自古以来无论是官方还是民间都有着亲密的交流,并且日本文化有很大一部分是对中华文明的巧妙借鉴。从 20 世纪初期开始,由于侵略战争的发生和双方外交政策的制定,中日关系就开始形成一个微妙的局面。在以和平和发展为主题的 21 世纪,外交关系的处理也会对一个国家的经济和社会发展产生强有力的影响,如

何处理中日关系,始终是中国政治范围内的重要内容。

当代的普通大学生对中日关系也存在着各不相同的态度。中国不少大城市都曾发生过大规模的青年大学生上街反日游行活动,抗议日本在钓鱼岛问题上的做法。示威游行是我国民众,尤其是血气方刚的青年大学生表达民族感情的方式,它表明我国大学生热爱祖国,敢与"非正义"说"不"的精神。但却被某些激进分子和心怀不轨、破坏社会和谐者利用,带来一些不好的影响。

当前的中国大学生普遍存在的"厌日"情绪是一种复杂的心理状态,它反映出中国大学生内心深处渴望祖国强大、中华民族昌盛的心理,也暴露出自身对中日历史问题理解的片面性。面临复杂的国际环境,中国的崛起之路注定蜿蜒曲折,也必定会招致单边主义、霸权主义的限制和阻挠,我们要强大,就必须保持自力更生、艰苦奋斗,就必须清醒认识和分析局势,理性表达自己的爱国情怀,而不是动辄就"抵制日货"。在社会公民越来越有自主意识,并且社会普通民众的思想和舆论导向越来越占有重要地位的今天,如何看待和发展中日关系,不仅仅是党和政府所要考虑的问题,更与我们普通民众的生活息息相关。如何正确看待和发展中日关系,如何用正确的方法和适当的行为来帮助发展中日关系,这也是我们每一个普通大学生应该思考的问题。

【案例思考】

(1)当代大学生该怎样表达自己的爱国热情? 如何理性爱国?

(2)当代大学生应如何正确看待和发展中日关系?

3.2 实训目标和意义

3.2.1 理论教学目标

实训从历史与现实、理论与实践的结合中,帮助大学生深入认识爱国主义这一民族优良传统在历史发展过程中的重要作用,促进大学生认识新时期的爱国主义,增强国防观念,弘扬民族精神,培养民族自尊心、自信心,促进民族团结与统一;引导大学生将远大的理想与对祖国的高度责任感、使命感结合起来,继承爱国主义传统,弘扬民族精神和时代精神,做新时期忠诚的爱国者;把民族精神与时代精神结合起来,促进自身成才。

3.2.2 重点·难点·热点

重点:

(1)中华民族的爱国主义传统。

(2)新时期的爱国主义。

(3)做忠诚的爱国者。

难点:

(1)爱国主义的时代内涵。

(2)如何实现知行统一,将爱国之情转化为报国之行?

热点：

(1)经济全球化时代爱国主义的形态。

(2)中西价值冲突,为什么经济全球化不等于政治、文化一体化?

(3)弘扬以改革创新精神为核心的时代精神;理性爱国。

(4)保持健康向上的民族心态,从爱国情感到爱国行为的升华。

3.2.3 理论联系实际

实训项目主要结合《思想道德修养与法律基础》和《中国近现代史纲要》相关内容开展。

3.2.4 实训教学目标

通过实训,学生在正确理解中华民族精神内涵的基础上进一步明确民族精神和时代精神的关系,爱国主义与经济全球化的关系,大力弘扬和培育民族精神,做忠诚的爱国者。在实训中,通过培养和激发爱国情感与爱国意识,学生继承爱国主义优良传统,在弘扬民族精神和时代精神上做到知行合一。

3.3 实训形式和操作

实训形式:看爱国主义影片,诵爱国主义诗歌,唱爱国主义歌曲,访爱国主义教育基地,思政论坛,主题调研,主题访谈,主题辩论赛,主题知识竞赛。

3.3.1 实训方案一 "伟大的民族 伟大的国家"主题知识竞赛

【实训目的】

通过知识竞赛,学生更广泛地了解中国的悠久历史和灿烂文明,开阔眼界,增强民族自豪感和民族自尊心,进一步激发对伟大祖国的无限热爱之情。

【实训性质】

校内课堂实践。

【实训学时】

10学时(学生准备5学时,知识竞赛5学时)。

【内容体系】

分组—预赛—初赛—决赛—活动总结—提交作业。

知识竞赛以"伟大的民族 伟大的国家"为主题,采用问答形式。竞赛试题内容选择与传统文化、民族精神密切相关的知识。

【组织安排】

在教师的指导下,知识竞赛活动以学生为主体,比赛题目和评分标准均由学生主导制订。可与班委和教学班辅导员联系,商定利用班级经费购买竞赛物质奖励。

【实训要求】

(1)前期准备工作必须在规定时间内完成。

(2)竞赛所用题目和答案遵循保密原则。

(3)活动期间安排四名机动人员,负责计划外问题的解决。

(4)提前联系竞赛场地,确保活动的开展不影响学生的正常学习。

(5)教师在实训过程中做好组织和指导工作。

【操作步骤】

(1)每个教学班学生通过自愿组合和教师指定的方式形成四个组:竞赛出题组、参赛选手组、评分标准制订和评委组、观众组。各组有序组织开展演讲比赛的前期准备工作。

竞赛出题组:由3~5名学生组成,主要负责搜集、整理竞赛题目,同时给出标准答案。题目包括判断题、单项选择题和填空题各15道。

参赛选手组:按每个教学班学生人数比例的15%~25%报名。选手利用课余时间根据出题内容做好赛前准备工作。

评分标准制订和评委组:由5~10名学生组成。负责制订评分标准,确定评委人选。

(2)各组利用5学时的时间做好赛前准备工作。

(3)实践课教师任课班级分自然班初赛。

(4)在初赛基础上组织实践课教师任课班级各班进行复赛。

(5)复赛并颁奖。

(6)每一自然班学生提交一份实训报告作为这一实训主题的书面作业。报告须附整理后的竞赛使用资料和竞赛现场影视资料。

竞赛流程:

①主持人致开场白,宣布知识竞赛开始。

②各小组代表抽签,决定必答题顺序。

③各小组依顺序答完必答题,统计分数。

④进入抢答题环节,统计分数。

⑤教师总结,并公布竞赛结果。

⑥主持人宣布竞赛结束。

【实训效果评价】

1.作业设计

学院/班级(专业)			
学生姓名		学号	
实践时间			
实践主题			
实践形式			

续表

实践成果:主题活动总结(附知识竞赛预、决赛题单,成绩汇总表,获奖学生名单,影像资料)

评阅教师		评阅等级		评阅日期	

2.评价样表

评价项目	分值/分	成绩/分	备注
必答题	40		
抢答题	60		

总分:

3.评价指标

(1)学生参与度情况。

(2)班级组织情况。

(3)赛前准备情况。

(4)知识掌握情况。

传统文化
知识竞赛
参考试题

4.评价方式

"伟大的民族 伟大的国家"主题知识竞赛,设置一等奖 1 名、二等奖 2 名、三等奖 3 名、组织奖若干名,并颁发荣誉证书和奖品,以小组为单位计入实践成绩。

3.3.2 实训方案二 唱响爱国主义歌曲 吟诵爱国主义诗词

【实训目的】

本实训通过诵、唱的形式,利用文艺作品中蕴含的传统家国情怀和爱国主义教育元素,对学生进行爱国主义教育和熏陶,充分发挥优秀文学作品和优秀歌曲在学生爱国主义教育中的作用,增强学生的民族自豪感和民族自尊心,进一步激发学生对伟大祖国的无限热爱之情。

【实训性质】

校内课堂实践。

【实训学时】

10 学时(学生准备 5 学时,诵唱 5 学时)。

【内容体系】

活动前期动员—活动准备—活动开展—活动总结。

主题实践活动采取"唱响爱国主义歌曲"和"吟诵爱国主义诗词"的形式进行,全体学生参与。

【组织安排】

教师要充分重视活动前的动员、组织和指导工作,活动后做好总结工作。有条件的可以同时选择两种形式,也可只选取其中一种形式。

【实训要求】

(1)学生根据一定的标准分组,选择歌曲和诗词。

(2)要求每组成员都要参与。

(3)每个活动选择 1~2 名主持人。活动中预设 3~5 名工作人员。

(4)随机组建评定小组,对活动进行分组定量考评。

【操作步骤】

(1)提供歌曲和诗词的备选目录。

(2)组成实训主题活动小组。

(3)教师指导学生前期准备和练唱。

(4)主题活动开展。

(5)教师组织活动总结。

(6)各实训小组学生提交主题活动作业。

【实训效果评价】

1. 作业设计(实践活动记录表)

学院/班级(专业)			
学生姓名		学号	
实践时间			
实践主题			
实践形式			

实践成果:主题活动总结(附影像资料)

评阅教师		评阅等级		评阅日期	

2.评价样表

评价项目	分值/分	成绩/分	备注
内容	30		
形式创新	20		
声音(整齐)	15		
情绪	15		
着装	10		
准备(是否认真准备)	10		

总分:

3.评价指标

(1)学生参与度情况。

(2)歌曲、诗词是否符合要求。

(3)活动过程中的声音、表情和肢体语言的运用。

(4)活动总结中各组的表现。

4.评价方式

教师结合学生自我评价,按优秀、良好、中等、及格、不及格五个等级做出评价,计入实践成绩。

3.3.3 实训方案三 "凉山州民族风情"主题调查

【实训目的】

本次实训旨在了解凉山州民族风情,更好地了解生活在凉山的各个民族的民族习惯和民族文化以及民族传统,培养民族团结精神。

【实训性质】

校内课外实践＋校内课堂实践。

【实训学时】

8 学时。

【内容体系】

制作调查问卷—发放、填写、回收调查问卷—分析统计调查问卷—形成调查报告。

【组织安排】

本次主题调查活动应重视前期相关历史背景的学习,中期的走访、调查、统计,以及后期撰写报告。应组织学生提前学习社会调查学的一些基本理论和方法,然后几个同学组成一个小组,结合实际进行调查。最后以小组为单位提交一份调查报告。

【实训要求】

(1)各教学班学生分为若干调查小组(每组以 10 人左右为宜),组长负责小组调查活动的组织督促,同时协助教师进行调研管理和成绩评定工作。

(2)调查要遵循以下原则:第一,理论联系实际;第二,要符合社会调查的一般原理和方法。

(3)以实际红色历史遗迹为依据,最终以报告的形式来体现。

【操作步骤】

(1)明确调查主题和内容,围绕"凉山州民族风情"展开,内容包括了解凉山民族风情,更好地了解生活在凉山的各个民族的民族习惯和民族文化以及民族传统,培养民族团结精神。

(2)以小组为单位,选取 2 位学生负责人,进行调查研究。

(3)回校后以小组为单位,撰写报告,字数在 800～1000,题目自拟。

【实训效果评价】

1.作业设计

完成"凉山州民族风情"主题调查报告。

2.评价样表

评价内容	评价项目	成绩	备注
"凉山州民族风情"主题调查	调研计划合理,有针对性		
	调查过程科学、有序		
	调查资料的有效性和资料处理		
	报告撰写格式、质量		

3.评价指标

这一实训主题的评价主要参照以下几项指标:

(1)学生参与度情况。

(2)报告撰写的质量。

(3)小组交流与活动成果分享情况。

4.评价方式

任课教师对学生主题活动参与情况、报告的写作水平,给出实践教学环节成绩,分为五个等级。

优秀——积极参与主题实践活动,踊跃提出问题;问卷调查认真仔细,调研报告写作论点突出,论据充分,论证结构非常合理,调研报告条理清晰,文笔流畅能够精辟体现出自己的见解。

良好——比较积极参与主题实践活动,比较认真地进行实地调查;调研报告写作论点较为突出,论据较为充分,论证结构较为清晰,在调研报告中能够明确体现出自己的见解。

中等——参与主题实践活动,但为数不多,能够参与调查,调研报告写作具有一定的条理性,文笔尚可。

及格——被动参与主题实践活动,对大家的讨论不够关注,对实地调查参与度不高,调研报告写作条理性较差,文笔不畅。

不及格——不参与主题实践活动,不参与调查,对调研报告写作敷衍了事,甚至没有形成调研报告。

3.3.4　实训方案四　"走进我的家乡"主题调研活动

【实训目的】

中国是一个幅员辽阔、民族众多的国家。学校聚集了来自祖国各地的学子,在这里共同学习、生活。在教师指导下,鼓励大学生向同学们介绍自己的家乡,从家乡的风土人情、传统文化、人文地理等自己感兴趣的角度入手,自主制订关于某个方面的专题研究。本实训通过合作调查、采访、信息搜集与处理等探索活动,促使大学生在了解自己家乡的基础上增强对祖国、家乡和人民的热爱之情,增进学生对祖国、家乡的自豪感。

【实训性质】

校外社会实践＋校内课堂实践。

【实训学时】

12 学时。

【内容体系】

调研方法主题讲座—校内相关调研准备—校外主题调研—调研成果展示。

【组织安排】

调研前教师必须组织开展关于调研方法的主题讲座和校外调研安全教育。注意将校外调研成果与校内成果展示有机结合。

【实训要求】

(1)调研前任课教师做好动员工作。

(2)活动以各二级学院为单位统一组织。

(3)参与调研的学生写一份调研心得。各调研小组提交一份调研报告。

(4)教师在实训过程中做好组织和指导工作。

(5)学生和教师共同组成评委,对优秀学生给予物质和精神奖励。

【操作步骤】

(1)教师主持主题讲座。

(2)各班根据生源所在地进行分组。

(3)任课教师指导各组制订调研计划。

(4)各组在组长统一组织下,在校内按调研计划有序地开展调研准备工作。

(5)利用节假日返乡调研。

(6)整理资料,形成调研报告。

(7)各组以"走进我的家乡"主题调研活动总结会的形式,在课堂上展示调研成果。

(8)各班优秀的调研小组,代表班级在二级学院"走进我的家乡"主题调研活动总结会上发言。

【实训效果评价】

1.作业设计

调研报告名称				学时	
调研时间		调研地点		调研方式	
组长		组员		组员	
		组员		组员	
		组员		组员	
		组员		组员	

调研活动的材料清单	视频资料	
	文字资料	
	图片资料	
	其他资料	

主题调研图片粘贴处

| 调研活动过程简介 | |
| 活动总结 | |

| 评阅教师 | | 评阅等级 | | 评阅日期 | |

2.评价样表

评价内容	评价项目	成绩	备注
调研报告	调查问卷的设计和分析是否科学、合理		
	调研报告的撰写是否符合要求		
调研总结	介绍自己的家乡是否图文并茂		

3.评价指标

(1)学生参与度情况。

(2)调查问卷的有效性。

(3)调研报告撰写的质量。

(4)小组交流与活动成果分享情况。

4.评价方式

教师结合学生自我评价,按优秀、良好、中等、及格、不及格五个等级做出评价。

3.3.5 实训方案五 "弘扬航天精神"——西昌卫星发射中心爱国主义教育基地主题参观活动

【实训目的】

中华民族在五千多年的历史发展进程中,形成了以爱国主义为核心的团结统一、爱好和平、勤劳勇敢、自强不息的伟大民族精神。不论过去、现在和将来,民族精神都是激励中华儿女奋发向上、百折不挠的强大精神动力。我国数量众多的博物馆、纪念馆、革命遗址、烈士陵园等爱国主义教育基地,真实记录了中华民族悠久的历史文化,生动展现了中国人民英勇奋斗的壮丽篇章,集中反映了中国共产党人的光辉业绩和社会主义现代化建设的丰硕成果,是中国人民世代相传的宝贵精神财富,是弘扬和培育伟大民族精神的生动教材。

实训充分利用地方资源,通过参观西昌卫星发射基地加强爱国主义教育,让学生深刻理解西昌卫星发射中心的科技工作者们集中表现出来的扎根山沟的奉献精神、严谨细致的求实精神、协调配合的团结精神、刻苦攻关的拼搏精神和跻身世界前列的进取精神。利用参观的形式弘扬和培育民族精神,激发当代大学生的民族自尊心、自信心、自豪感,树立国家利益高于一切的观念;坚定社会主义道路的信心和决心;树立科学的理想、信念;形成正确的人生观、价值观。

【实训性质】

校外社会实践＋校内课堂实践。

【实训学时】

6 学时。

【内容体系】

爱国主义教育基地情况介绍(参观目的、意义、注意事项)—组建参观小分队—实地参观—撰写参观心得体会—参观总结。

【组织安排】

组织学生做好参观前的理论准备工作,做好校外参观学生的安全教育,强调参观纪律并安排班委协助完成主题活动的组织。将爱国主义教育基地参观成果与校内参观交流总结有机结合。

【实训要求】

(1)爱国主义教育基地参观前任课教师做好动员、组织工作。

(2)活动以各二级学院为单位统一组织,各自然班推荐学生人数的 15％～20％参加。

(3)参加主题活动的学生以自然班为单位随机组成参观实践小分队。

(4)学生干部辅助进行纪律和安全管理。

(5)提前联系爱国主义教育基地的接待讲解和接送学生的车辆。

(6)任课教师全程参与指导主题参观活动和后期交流总结工作。

【操作步骤】

(1)采取主题讲座的形式邀请专家进行"航天精神"主题汇报或观看反映航天精神的影

视资料,作为主题参观活动的前期准备。

(2)各班推荐参加主题参观活动的学生名单。

(3)参观实践小分队做好参观前的准备工作(提前准备参观记录用的工具)。

(4)协调理论课时间,尽量不影响学生的正常学习。

(5)实地参观。

(6)返校后各小分队整理参观记录,以班级为单位开展主题活动交流、总结。

【实训效果评价】

1.作业设计

"弘扬航天精神"——西昌卫星发射中心爱国主义教育基地主题参观活动记录。

2.评价样表

评价内容	评价项目	成绩	备注
参观纪律	是否遵守学校和基地相关纪律		
小组交流	发言交流情况		
参观心得	是否结合讲座按要求完成心得体会		

3.评价指标

(1)学生参与度和参观纪律。

(2)主题活动心得体会的质量。

(3)小组交流讨论和活动总结情况。

4.评价方式

教师结合学生自我评价,按优秀、良好、中等、及格、不及格五个等级做出评价。

一百首爱国
主义教育歌曲

经典爱国主义
影片推荐

凉山州部分
爱国主义
教育基地

实训项目 4　践行道德　提升境界

十全十美是上天的尺度,而要达到十全十美的这种愿望,则是人类的尺度。

——歌德

4.1　案例导入

在平凡中非凡

【案例呈现】

2月8日,中车长春轨道客车股份有限公司的高级技师李万君荣获"2016年度《感动中国》人物"称号。"作为第一代高铁员工,我见证了高铁技术从追赶者变成了领跑者,我骄傲,我自豪,同时也感觉到了自己身上的责任……"李万君深情地说。

从青年学徒成长为大国工匠

1987年,19岁的李万君从职高毕业,成为长客焊接车间水箱工段的一名焊工。水箱工段主要任务是焊接火车上供水的水箱、制动的风缸等。在充斥着呛鼻气味、尖锐刺耳的声音以及火星四溅的车间中,李万君穿着厚重的帆布工作服,扣着封闭的焊帽一干就是十年。

夏天,焊枪喷射着2300℃的烈焰,时间一长李万君就汗如雨下。冬天,他在水池子里作业,脚上穿着水靴身上挂一层冰。厂里要求每人每月焊100个水箱,他就多焊20个,一年下来,厚重的帆布工作服被他磨破了5套。就这样,李万君在"钢铁的熔炉中"提高技艺淬炼意志,不断提高自身"修为",成为满腹绝技的全能型超级焊工。

传帮带助力中国梦提速

从无到有,从弱到强,中国高铁的高速发展让世界瞩目,也实现了化茧成蝶的"三级跳"。高速度需要高技能人才队伍支撑,李万君主动请缨,传技能,教绝活。2013年,长春市焊工比赛的前三名都出自李万君门下。一众徒弟都已经能够在高铁生产中挑起大梁。

2008年,长客公司引进德国西门子350km/h高速动车组技术,但能够达到相关焊接技术要求的人员却寥寥无几。德国人提供的转向架焊接试验片,厂子里只有李万君一人能焊出来。为了新项目,公司抽调高素质人员,还从技校招来了400多名学生让李万君培训,要求短时间内迅速形成生产能力。

李万君为了能吃透、讲清新工艺,让学员可以更加充分地理解技术难点。他从头学起,常常彻夜不眠,一边工作一边编制教材承担培训任务。最终,400多名学员全部提前半年考取了国际焊工资格证书。

如今,这些经过李万君培训的员工已成为 380km/h 动车组的生产主力,也使长客公司焊接技术整体水平和欧洲西门子实现同步。

——光明网,2017-02-13,已改编

【案例评析】

工匠精神,是指工匠以极致的态度对自己的产品精雕细琢,精益求精、追求更完美的精神理念。工匠精神就是追求卓越的创造精神、精益求精的品质精神、用户至上的服务精神。焊工是最平凡的工匠。被誉为"没有翅膀的飞机"的高铁,却离不开他们非凡的双手。在全国优秀共产党员、中车长春轨道客车股份有限公司焊工李万君看来,工匠精神有两种。一种是创新发明开拓,攻克非凡的难题;另一种是始终如一日,把平凡的工作做到极致。工作了30 年、已获得"中华技能大奖"的李万君,每一天都在手握焊枪、踏踏实实地做着这两件事。

2016 年 3 月 5 日的政府工作报告中,李克强总理说"要鼓励企业开展个性化定制、柔性化生产,培育精益求精的工匠精神"。近些年来充斥媒体的"中国智造""中国创造""中国精造""工匠精神",如今成为决策层共识,写进政府工作报告,让人耳目一新,有媒体将其列入"十大新词"予以解读。古语云:"玉不琢,不成器。"工匠精神不仅体现了对产品精心打造、精工制作的理念和追求,更是要不断吸收最前沿的技术,创造出新成果。工匠精神落在个人层面,就是一种认真精神、敬业精神。其核心是:不仅仅把工作当作赚钱养家糊口的工具,而是树立起对职业敬畏、对工作执着、对产品负责的态度,极度注重细节,不断追求完美和极致,给客户无可挑剔的体验。将一丝不苟、精益求精的工匠精神融入每一个环节,做出打动人心的一流产品。与工匠精神相对的,则是"差不多精神"——满足于 90%,差不多就行了,而不追求 100%。我国制造业存在大而不强、产品档次整体不高、自主创新能力较弱等现象,多少与"工匠精神"稀缺、"差不多精神"显现有关。

著名企业家、教育家聂圣哲曾呼吁:"中国制造"是世界给予中国的最好礼物,要珍惜这个练兵的机会,绝不能轻易丢失。"中国制造"熟能生巧了,就可以过渡到"中国精造"。"中国精造"稳定了,不怕没有"中国创造"。千万不要让"中国制造"还没有成熟就夭折了,路要一步一步走,人动化(手艺活)是自动化的基础与前提。要有工匠精神,从"匠心"到"匠魂"。一流工匠要从少年培养,有些行业甚至要从 12 岁开始训练。要尽早恢复学徒制。税制要改革,要促成地方政府对制造业重视的局面。

道德解决不了"道德滑坡"的问题

【案例思考】

(1)为什么说"工匠精神"是个人道德境界的体现?

(2)中国社会缺乏"工匠精神"的原因是什么?

4.2　实训目标和意义

4.2.1　理论教学目标

道德是处理个人与他人,个人与社会之间关系的行为规范及实现自我完善的一种重要精神力量。《公民道德建设实施纲要》将我国公民道德的基本规范表述为五句话、二十个字,

即"爱国守法、明礼诚信、团结友善、勤俭自强、敬业奉献",其中爱国守法是国泰民安之本,明礼诚信是安身立命之本,团结友善是立足社会之本,勤俭自强是生存发展之本,敬业奉献是自我实现之本。从道德涉及的领域来看,道德又分为社会公德、职业道德和家庭美德。对于个人来讲,道德是提高人的精神境界、促进人的自我完善、推动人的全面发展的内在动力。所以不仅社会需要道德,我们每一个人也都需要道德。我们不仅要有道德认知,还要有道德践行,将道德认知转化为道德践行,在道德践行中树立美好的形象,形成高尚的品格,达到较高的人生境界,实现自己的人生价值。

4.2.2 重点·难点·热点

重点:

大学生诚信道德建设、社会公德意识的培养、感恩父母教育。

难点:

(1)正确认识道德的作用。

(2)实现知行统一,将道德认知转化为道德践行,在道德践行中提高人格修养,提升人生境界。

热点:

(1)怎样做到"诚信建设,从我做起"?

(2)怎样积极行善,感恩父母,回报社会?

(3)如果做好人会吃亏,我们是否还要坚持做好人?

4.2.3 理论联系实际

实训项目主要结合《思想道德修养与法律基础》相关内容开展。

4.2.4 实训教学目标

通过实训,大学生思考道德与人生、社会生活及自我发展的关系;社会主义道德建设同社会主义市场经济的关系;提高对中华民族道德传统的正确认识,增强继承和弘扬优良道德传统的责任感和自觉性。在实践中教师要正确引导其进行理性、客观的道德评价。

4.3 实训形式和操作

实训形式:道德主题演讲,播放《感动中国》视频,道德讲堂,主题调研,主题访谈,主题辩论,社会公益活动,思政论坛。

4.3.1 实训方案一 主题调研

【实训目的】

通过开展大学生诚信缺失现象的调研,学生可深刻了解大学生群体诚信缺失现象及其带来的危害,并理性分析大学生诚信缺失的各种原因,从而提出切实有效的对策。要求大学生诚信建设从我做起,遵守诚信规范,做一个诚信品质的维护者和弘扬者。大学生诚信建设能起到良好的社会示范效应,对建设诚信社会起着不可忽视的作用。

【实训性质】

校内课堂实践。

【实训学时】

10 学时(学生调研 7 学时,调研成果汇报 3 学时)。

【内容体系】

调研活动围绕大学生诚信缺失现象展开,包括考试诚信缺失、学术诚信缺失、还贷诚信缺失、交往诚信缺失、就业诚信缺失等,分析诚信缺失的危害及产生原因,提出相应的对策。

【组织安排】

教师安排实训方案,学生分组实施,组长要起组织、领导、指挥、协调的作用,学生要有分工合作。课内安排方案、调研成果汇报部分由教师统一协调,课外调研部分由学生利用课余、周末、节假日时间进行。

【实训要求】

(1)服从安排,听从指挥,不可任意行事。

(2)调研时间虽是自行安排,但必须在两周内完成。

(3)小组成员分工合作,确保每个成员都有事可做。

(4)保持教师与学生的沟通与联系,有事协商,有问题及时解决。

(5)实训过程的每一个环节都应有相应记录,包括调查问卷、调查报告、活动照片及其他相关真实材料。

【操作步骤】

(1)教师安排实训方案。

(2)将全班学生分成若干小组,每组 4～6 人,每组推选一名组长,组长负责组织、协调、策划、安排工作,确定小组成员的分工。

(3)小组拟订调查方案、设计调查内容、制作调查问卷。

(4)小组确定时间开展调查,对调查结果进行分析,撰写调查报告,制作幻灯片。

(5)活动过程中拍适量照片,调研活动部分可做少量录像,不要求全程录制,但力求反映调研活动的场景,并且每个小组成员都能有一个镜头。

(6)调查活动结束后,教师确定时间让学生重新回到教室,做社会调查活动报告,同学之间交流、分享。

(7)教师小结。

【实训效果评价】

1.调查问卷的设计

(1)在设计调查问卷之前,一定要明确调查主题、调查对象、调查目的,并以此来确定主题类型、语言风格、题目主旨,以期达到良好效果。

(2)在问卷的开头,一定要明确告诉受访者在做关于什么方面的调查,需要对方做出怎样的配合:如该如何作答,口头回答还是书面回答;是打钩,还是填写选项代码等。不能让受访者一头雾水,不知所措。

(3)问题类型有主观题和客观题,应以客观题为主。如果需要受访者提出某些具体的意见或建议,可以适当设计一些问答题。

(4)在客观题备选答案的设计上,如果答案是非此即彼的,可以用二选一的题型;如果回答有多种可能性,应尽量将选项罗列出来,答案是唯一的设计为单选题,答案是多个的设计为多选题。选项用语尽量具体、明确,能量化的尽量量化,少用大概、也许、经常、有时等笼统的词汇。

(5)问题按先易后难的顺序排列,并将有关联的几个问题排在一起。

(6)在描述上,一定要注意用词恰当,能够清楚表达含义,且不会发生歧义。如"你认为讲诚信会吃亏吗",那么答案可以是"同意、基本同意、基本不同意、完全不同意",不可设计成"你不认为诚信会吃亏吗"。这样的问题很有可能让人做出与本意相反的选择。

参考范例:关于大学生诚信考试情况的调查研究。

您好,我们是××大学××学院××级××专业的学生,我们想耽搁您一点时间,做一个有关大学生诚信考试情况的问卷调查。您的回答将成为我们分析问题、提出对策的依据,能减少甚至杜绝大学生作弊现象,提高大学生的诚信意识。整个问卷不存在任何商业用途,更不会泄露您的任何隐私,希望能得到您的支持和协助,谢谢!

具体问题:略。

答卷说明:①请在每一个问题后您所要选择的选项上画圈或打钩,或者在横线处填上适当的内容。②若无特殊说明,每一个问题只能选择一个答案。③填写问卷时,请根据您了解的实际情况填写。

调查员: 调查时间:××年××月××日

2.调查报告的制作

调查报告就是根据调查研究的成果写出来的能够正确反映客观事物及其规律的书面报告。

(1)标题。

标题有两种写法:一种是规范化的标题格式,基本格式为"××关于××××的调查报告""关于××××的调查报告""××××调查"等;另一种是自由式标题,包括陈述式、提问式和正副标题结合式三种。陈述式如"××大学考试诚信情况调查",提问式如"为什么大学生考试会选择作弊",对于正副标题结合式,正标题陈述调查报告的主要结论或提出中心问题,副标题表明调查的对象、范围、问题,如"高校诚信建设应以考试诚信作为突破口——××大学考试诚信情况调查"等。

(2)正文。

调查报告没有固定的格式。应根据调查所得的材料,围绕主题,合理地安排结构。正文一般由三部分组成。

①开头:或称引言。叙述调查的意义和目的、调查对象和范围、调查采取的方法及其过程等。文字尽可能少,简明扼要。可规范地写为:

调查时间:

调查地点:

调查目的:

调查对象：

调查方法：

调查人：

调查分工：

②主体：调查报告的正文。这是调查报告最主要的部分，这部分详述调查研究的基本情况、做法，分章节陈述调查过程并分析调查所得材料。

③结尾：结论和建议，也是调查报告的总结。结尾可长可短，视实际情况而定。结尾的写法比较多，可以提出解决问题的方法、对策或下一步工作的建议；总结全文的主要观点，进一步深化主题；提出问题，引发人们的进一步思考；展望前景，发出鼓舞和号召。

3.评价指标

(1)调查问卷的设计是否科学、合理。

(2)调查报告的撰写资料是否翔实，论点是否明确，论据是否充分，原因分析是否深刻及对策是否可行等。

(3)制作的幻灯片是否将整个调查情况及结果很好地呈现。

(4)调查汇报的情况。

(5)提交的材料包括调查问卷，撰写的调查报告，制作的幻灯片，活动的相关图片、录像等是否完整。

4.评价方式

综合各项指标评出成绩，成绩分为优秀、良好、中等、及格、不及格五个等级。

4.3.2　实训方案二　道德小剧场

【实训目的】

角色扮演教学方法来源于美国社会学家谢夫特的"关于社会价值的角色扮演"的教学模式理论。它是一种在教学中制造或模拟一定的现实生活片段，由学习者扮演其中的角色，将角色的语言、行为、表情及内心世界表现出来，以学习新的行为或解决问题的方法。它是以社会经验为基础的一种教学模式，具有社会性和实用性。

"只是告诉我，我会忘记；要是演示给我，我就会记住；如果还让我参与其中，我就会明白。"角色扮演模式的学习属于情境学习，是以充分发挥学生主导作用，以学生为中心，提高学生参与性和积极性的教学方法。学生站在所扮演角色的角度来体验、思考社会和道德问题，学会倾听别人的意见，尊重、关心他人，促进学生知行合一。一方面，培养学生的表达、沟通、探究、创新以及团队协作精神和合作能力。另一方面，在角色扮演中促进学生形成正确的态度、情感和价值观。通过活动努力达到"促其思、晓其理、激其情、导其行"的教育效果。

【实训性质】

校内课堂实践。

【实训学时】

10学时(其中准备、排练6学时)。

【内容体系】

选题—任务布置—准备—表演—总结。

小剧场的内容根据当前社会普遍关注的道德问题展开。

【组织安排】

教师布置任务时,可在以下两种方式中任选一种进行,一种是预先准备好的角色扮演;另一种是自发式的角色扮演,预先不做准备(即每组学生预先做一个选题,在表演时除固定角色由每组安排外,其他冲突角色临时选取他组成员完成)。

【实训要求】

(1)教师根据教学目的指导学生选择表演主题。

(2)情景设计要尽量逼真、合理,充分发挥角色扮演中的情景性原则。利用具体活动的场景或提供学习资源以激起学习者主动学习的兴趣、提高实践教学效果。在角色扮演中,借助现代媒体等手段充分利用环境情景和材料情景。

(3)有效组织,尽可能地让全体学生参与角色扮演的教学过程。教师要适时指导、及时点评。

【操作步骤】

(1)准备阶段。教师根据教学目标明确需要解决的问题,布置问题情境,在规定时间内做好选题、角色分配和道具准备等工作。教师要指导学生理解扮演的角色,并做好角色扮演与相关知识的衔接。

(2)分角色进行表演。各个实践小组安排好所需角色,根据表演需要在教室设置简易舞台,开始表演。

(3)讨论和评价。每一组表演后,由教师或学生根据表演提出问题,师生、学生之间共同讨论,最后进行归纳、总结。

【实训效果评价】

1.评价样表

班级/组别	成绩
选题(20分)	
准备(10分)	
表演(30分)	
体会分享(20分)	
自我总结、评价(20分)	
总评:	

2.评价指标

(1)表演内容的教育性、知识性。

(2)学生对待实践主题的认真和投入程度。

(3)学生在表演中对角色的体会、感悟、演绎以及对道德冲突的处理。

3.评价方式

(1)教师评价与学生自我评价相结合。

(2)教师评价占 60%,学生自我评价占 40%。

4.3.3　实训方案三　榜样的力量——道德大讲坛

【实训目的】

本实训以大学生喜闻乐见的形式,利用榜样示范的作用在大学生中弘扬道德正能量,使大学生感受模范和榜样的力量,促进大学生道德意识的深化,推动大学生道德品质的形成。主题设计基于大学生的可塑性和模仿性强的特点,利用生动具体的形象作为榜样,将道德标准和行为规范具体化,促进大学生养成良好的道德品质和行为习惯。

榜样是无声的语言,而这种无声的语言往往比有声的语言更有力量。榜样示范是利用他人的高尚思想、模范行为和卓越成就影响大学生,促使其形成优良品德。其具有把抽象的道德规范和高深的政治思想原理具体化、人格化,以生动具体的典型形象影响大学生心理,增强教育的吸引力、说服力和感染力的特点。为更好地达到活动的育人功能,在活动过程中要引导大学生积极、主动地思考和参与,利用活动解决大学生在道德认知中实际存在的问题,促成知向行的转化。

【实训性质】

校内实践。

【实训学时】

2~4 学时。

【内容体系】

确定方向—明确目标—组织协调—开展活动—活动交流、总结。

【组织安排】

选取有代表性的道德模范,或者历史伟人、民族英雄、革命导师、著名的科学家等各方面杰出的人物,利用他们的思想、业绩、崇高的品质和光辉的形象引导、激励学生。活动采取请进来的方式,聆听道德模范演讲,或利用播放视频的方式观看道德人物的事迹或演讲。活动组织和准备要充分考虑示范的作用,体现实效性。尽量做到贴近生活、贴近现实、贴近学生。

【实训要求】

(1)活动前认真做好学生的动员、组织工作。

(2)做好校外主讲人员的安排、沟通和协调工作。

(3)活动中对学生的纪律严格要求。

(4)活动开始前要根据主题对学生提出实践活动的要求,明确活动的目的和意义。让学生带着问题参与活动,在活动中解决问题,获得启发。

(5)主题活动的过程要求全程记录。

【操作步骤】

(1)教师拟订活动计划。

(2)视主题和形式安排活动场所。

(3)在活动进行过程中充分利用学生进行自我管理和自我教育。

(4)演讲结束后组织学生做好活动交流和总结。

(5)要求学生在实践活动后提交活动交流总结书面作业。

【实训效果评价】

1.评价指标

(1)学生参与活动的态度和活动中的纪律。

(2)活动交流环节中的表现。

(3)活动后的书面作业。

2.评价方式

综合各项指标评出成绩,成绩分为优秀、良好、中等、及格、不及格五个等级。

4.3.4 实训方案四 "道德问题我来讲"主题辩论赛

【实训目的】

道德问题是一个热点问题,也是一个难点问题,曾经引起全国人民的大讨论,并延续至今,如"老人倒地扶还是不扶"的问题。这个问题很多人都答不出来,通过辩论,双方对问题的认识会更加清晰。辩论的过程犹如摄影师冲洗照片时加大反差的过程,最后真理会越辩越明,相信辩论后遇到老人倒地时,扶还是不扶,每个人都会做出理性而正确的选择。此外,辩论能提高学生认识问题、分析问题、解决问题的能力,以及语言表达能力,对积累知识、拓宽思维也有积极的作用。

【实训性质】

校内实践。

【实训学时】

8学时(准备辩论资料4学时,课堂辩论3学时,评分、教师小结1学时)。

【内容体系】

确定主题—布置任务—资料、观点搜集—开展辩论—活动总结。

【组织安排】

辩论的内容围绕"老人倒地扶还是不扶"这个争议较大的热点问题展开,正方认为"老人倒地应该扶"并分析辩论,反方认为"老人倒地不应该扶"并分析辩论。活动还可根据时事热点选取类似题材作为辩论主题。

　　教师安排辩论主题,学生分组,利用课余、周末时间准备辩论资料,教师确定辩论时间、地点。辩论时选取 1 名学生做主持人,2 名学生做报时员,报时员事先准备一个黄牌、一个红牌及计时器,选 3～5 名学生做评委,1 名学生做统分员。

【实训要求】

(1)在规定的时间内完成辩论资料的准备。

(2)辩论前熟悉辩论内容,尽量将内容整理成提纲要点,看到提纲要点就能说出具体内容。

(3)辩论前了解相应的辩论规则,掌握一些辩论技巧。

【操作步骤】

(1)教师安排辩论主题。

(2)学生分组,每组 10 人,抽签决定正反方。正方 5 人(参与辩论 4 人,协助、后勤 1 人),反方 5 人(参与辩论 4 人,协助、后勤 1 人)。一个自然班可分为 3～4 组,多出来的人可分派到各组做协助工作。

(3)教师讲解辩论规则和辩论技巧。

(4)留两周时间给学生准备辩论材料。

(5)教师确定时间、地点,学生进行辩论。

(6)辩论的同时,评委打分,统分员统分,一组辩论结束后就宣布正方、反方的辩论成绩。

(7)辩论结束,教师小结。

注:辩论赛流程和辩论赛规则参考 2.3.3。

【实训效果评价】

1.评价指标

作业设计参见《思政实践课实训活动手册》P9。

(1)团体辩论情况。

(2)个人辩论情况。

2.评价方式

(1)每场辩论由 3～5 名同学做评委。

(2)评判办法:采取百分制,团体和个人分别记分。评委分数平均值作为该组成绩。个人得分作为个人奖项的评审依据,每组成员中得分最高者为该组最佳辩手,发奖状以资鼓励,辩论成绩计入实践教学综评成绩。

3.评价标准

(1)团体得分部分(100 分)。

①审题(20 分)。

对所持立场能否从逻辑、理论、事实等多层次、多角度理解,论据是否充分,推理是否明晰,对对方的难点是否有较好的处理方法。

②论证(25 分)。

论证是否有说服力,论证是否充足,推理过程是否合乎逻辑,事实引用是否恰当。

③辩驳(25 分)。

提问是否抓住了对方的要害,问题明了。在规定时间内没有提出问题或提问不清,应适当扣分。是否正面回答对方问题,是否给人有理有据的感觉。不回答或不正面回答问题应适当扣分。

④配合(20分)。

是否有团队精神,能否相互支持,辩论衔接是否流畅,自由辩论时发言是否有理有据,回答是否形成一个有机整体,给对方有力打击。

⑤辩风(10分)。

语言流畅、用词得当、语调抑扬顿挫、语速适中;尊重对方辩手,尊重评委,尊重观众;表演得体、落落大方,有幽默感。

(2)个人得分部分(100分)。

①辩论技巧(40分)。

辩手是否语言流畅、立意明确,能否从多角度、多层次分析、理解、认识辩题,叙述是否有层次性、条理性,论证是否有说服力。

②内容资料(20分)。

论证是否充分、合理、恰当、有力,引述资料是否翔实。

③表情风度(20分)。

辩手表情、手势是否恰当、自然、大方,不强词夺理,尊重对方,尊重评委和观众,富有幽默感。

④自由辩(20分)。

是否始终坚持自己的立场,主动、准确、机智地反驳对方的观点,思路清晰、立场坚定、逻辑正确、应对灵活。

4.3.5　实训方案五　"感恩父母　立志成才"主题活动

【实训目的】

本实训通过主题活动,引导学生回顾成长历程和家庭、社会对自身的关爱之情,知恩图报,把对父母的感恩之情、对社会的感恩之心,转化为报恩之志,立志成才。

在活动中让学生体会到自我价值实现的喜悦感受,享受与他人合作、交流的乐趣,使学生增强公民意识、主人翁意识和感恩意识,增强社会责任感,培养健康心态,塑造健全人格。

培养学生的问题意识,发展他们调查分析、搜集整理资料及与人交往、沟通,大胆展示自己等各方面的能力。

通过搜集资料,进行调查、访问、考察等实践活动,学生懂得每个人的成长离不开父母的养育之恩,懂得"感恩"是一种生活态度,是做人的起码修养和道德准则,为营造和谐家庭而努力。

【实训性质】

校内课堂实践。

【实训学时】

10学时(学生准备3学时,课堂实践7学时)。

【内容体系】

活动前期动员—课前分小组调查—活动开展—活动总结—提交作业。

主题活动以搜集"父母关爱儿女的故事"为线索,分小组调查、分析"父母为我们付出多少""我们为父母付出多少""我们还能陪父母多久""怎样报答父母的养育之恩"等4个问题,采用"课堂展示＋故事讲述＋自由讨论＋课外作业"结合形式,引导学生感恩父母、规划人生、确立目标、立志成才;课外作业选题:"我的人生规划""我和大学有个约定""我的大学我的梦""我的大学生活"。

【组织安排】

在教师的指导下,活动以学生为主体,人人参与,课前分小组调查、分析上述4个问题,课堂展示调查情况,并做分析说明,教师归纳总结,引导学生明确人生奋斗目标。

【实训要求】

(1)活动前期动员。

(2)课前准备。

(3)课堂展示调查情况。

(4)教师引导学生确立人生目标。

【操作步骤】

(1)讲述感恩故事。

①《六旬老父捐肾救子》:2009年12月,临沂老人廖连昌甘愿为身患尿毒症的儿子割去自己的一个肾。为了救儿子,廖老汉带着全家人包括老人的两个弟弟都来到了烟台,他们一边打工赚钱,一边省吃俭用,白天啃的是从老家带来的煎饼和咸菜,晚上打地铺轮番照顾患者。老人说,儿子今年才30多岁,以后的路还很长,只要能挽救儿子的生命,就是用命换命他也在所不惜。

②《年轻母亲舍身救儿》:2004年8月27日下午,沈阳市五里河公园5岁的男孩童童掉进鲨鱼池。35岁的母亲刘燕当时也顾不上将手上的相机和肩上的背包放下,直接跳入鲨鱼池中将儿子救出。刘燕在接受采访时只说了一句话:"儿子就是妈妈的全部。"

③《"暴走妈妈"割肝救子》:被称为"暴走妈妈"的陈玉蓉,1954年出生,湖北武汉人。55岁的她患有重度脂肪肝,然而为了割肝拯救患有先天性肝脏功能不全疾病的儿子,她从2009年2月18日开始,风雨无阻,每天暴走10公里。7个月下来,陈玉蓉的体重由66公斤减至60公斤,脂肪肝消失了,医生连称"简直是个奇迹"。2009年11月3日,陈玉蓉接受了肝脏割离手术,随后儿子叶海斌接受了肝脏移植手术。"感动中国"2009年度人物评选2010年2月10日揭晓,陈玉蓉当选"感动中国"十大人物之一。

(2)课堂展示各小组调查情况:"父母为我们付出多少""我们为父母付出多少""我们还能陪父母多久""怎样报答父母的养育之恩",并做分析说明。

(3)教师初步归纳总结,引导学生反思如何以实际行动来感恩父母。要求学生谈做法:在家里、在学校、在社会怎样用实际行动感恩父母。

大学期间学生对父母最好的感恩方式就是——好好学习、立志成才!

(4)学生畅谈人生目标。在《常回家看看》的歌声中结束课堂实践活动。

(5)提交主题活动作业:"感恩父母 立志成才"主题实践活动总结。

【实训效果评价】

作业设计参见《思政实践课实训活动手册》P11。

1.评价样表

评价内容	评价项目	成绩	备注
课前调查	是否按要求完成		
课堂参与	讨论发言情况		
活动作业	是否按要求完成,是否切合实际		

2.评价指标

(1)学生参与度情况。

(2)"感恩故事"或"课前调查分析"讲述效果。

(3)"感恩父母 立志成才"主题实践活动课后作业。

3.评价方式

教师结合学生自我评价,按优秀、良好、中等、及格、不及格五个等级做出评价,计入实践成绩。

实训项目5 心底的旋律 生命中流淌着的音符

悲伤可以自行料理,而欢乐的滋味如果要充分体会,你就必须有人分享才行。

——马克·吐温

5.1 案例导入

音乐:生命的沉醉

【案例呈现】

音乐,是人的灵魂的象征。

音乐,绝不是一串单纯的音符,而是一种深蕴着人类精神的文化现象。无论在巴赫、海顿、莫扎特、贝多芬,还是在舒伯特、肖邦、李斯特的音乐中,我们都可以感受到音乐大师们在五线谱和琴弦间对天、地、人的命运的感叹,并在琴键上奏出展望未来新生活的音响史诗。

也许,生命永远在瞬间与永恒之间希冀着。音乐在生命的希冀中,给人以充满生命之爱的温馨和与命运搏斗的悲壮,使人在诗意化的人生图景中沉醉于希望和梦幻所交织的膨胀的潜意识心理状态。音乐大师以音乐语言创造了辉煌的音乐世界,使人在超越有限的生存空间中获得无限自由的心灵感应。通过音乐作品,我们获得的不就是对世界和人生新奇神秘的体验和刻骨铭心的感受吗?从而在音乐冥想和震撼中,与音乐大师进行真正的心灵对话并透过音乐的对话呈现出自己的生命本色和精神意向。

音乐深蕴着一种人类怀着乡愁寻找精神家园的纯真情怀。这种情怀在当今文明的喧哗和骚动中,化成"甜美的忧伤"弥漫于人们醒着的梦的回归中。

——曾田力,《音乐:生命的沉醉》,北京大学出版社,1994

【案例评析】

常听音乐可以让人消除工作紧张、减轻生活压力、预防各类慢性疾病等。医学研究发现,音乐作用于大脑,可以提高神经细胞的兴奋性,改变情绪状态,唤起积极、健康的情绪,通过神经及神经体液的调节,促进机体分泌一些对健康有益的激素、酶、乙酰胆碱等物质,能调节血流量,增加胃肠蠕动和消化液分泌等,从而促进整个身体的代偿功能,增强抗病能力,达到减少疾病和恢复健康的目的。音乐是一种有规律的声波振动,能协调人体各器官的节奏,激发体内的潜能。医学生理研究告诉我们,脑有电波似的振动,胃肠有蠕动,心脏有搏动,这些动作既具有振动性,又有一定的节律,就像人的生物钟一样是有规律、有节奏的。当音乐的节奏、旋律和自己体内所感受到的节奏吻合时,你就会产生快感和愉悦。正如莱歇文博士

所说:"音乐和医学过去一直是,将来也仍然是不可分割的。"音乐无形的力量远超乎个人想象,所以聆听音乐、鉴赏音乐,是现代人极为普遍的生活调剂。

【案例思考】

书的历史

(1)谈谈音乐的作用。

(2)在你的生命中,哪些音乐触动过你的心灵?

5.2 实训目标和意义

5.2.1 理论教学目标

良好的人际交往能力以及人际关系是人们生存和发展的必要条件。大学生的成长和发展都离不开人际交往。针对当代大学生这个特殊群体的特点,以分享的形式开展主题实践实训能有效提高大学生的人际交往和沟通能力,保持身心健康,增强社会适应能力,同时形成一种团结友爱、朝气蓬勃的人际交往环境,也将有利于大学生形成和发展健康的个性品质。

利用文艺作品激励人、鼓舞人的作用,可提升大学生的道德修养,实现陶冶情操的目的。开展有意义的团体游戏,可提升学生的团队协作、沟通交际能力,增进学生之间的感情,锻炼学生的表达能力、判断力、观察力、思维能力及表演能力,增强自信心。本实训通过分享的形式增强大学生集体凝聚力,促进和培养人际交往能力。在主题实践实训中树立全面学习、自主学习、终身学习的学习理念。

5.2.2 重点·难点·热点

重点:

(1)大学生人际交往。

(2)主题活动分享内容的选择。

难点:

(1)在班集体中如何面对环境适应、成功激励、合作竞争、感恩责任、创新拓展等问题。

(2)利用优质资源实现对大学生的思想启迪和情操陶冶。

热点:

(1)分享的意义和乐趣。分享中的情感投射和对分享过程的体验,个人的情感与趣味在分享中的升华和共鸣。

(2)对流行文化和艺术的理性态度。

5.2.3 理论联系实际

实训项目主要结合《思想道德修养与法律基础》绪论和《马克思主义基本原理》相关内容开展。

5.2.4 实训教学目标

本实训利用分享的形式,通过系列主题活动提升大学生的道德修养,锻炼大学生各方面的能力,增强大学生集体凝聚力,使当代大学生学会分享,增强人际交往能力,树立全面学习和创新学习的理念。实训中充分注重文学、音乐等艺术作品对大学生的影响和教育作用。利用优秀的人类文化资源这一重要的精神食粮,通过大学生自觉地学习,教师有意识地引导,在陶冶大学生情操的同时提升大学生的道德修养、道德认知,促使大学生主动、自觉地思考人生、未来、理想和现实,进而实现通过观念形态启迪思想、陶冶人生的作用。

5.3　实训形式和操作

这一主题形式主要以开展形式多样的分享活动为主,包括开展"以共同分享一句人生格言,一本社科类好书,一首感动你的音乐"为主题的"三个一"系列活动,以"爱的痕迹　生命中的悸动"为主题分享人生成长经历,以"我们的游戏"为主题分享一个集体游戏。

5.3.1　实训方案一　"三个一"系列活动

【实训目的】

本实训利用文艺作品激励人、鼓舞人的作用,培养大学生的表达能力,提升大学生的道德修养和思想境界,陶冶情操,激发大学生积极向上、保持乐观的生活态度,以及不畏挫折、为理想奋斗的品质。

【实训性质】

校内课堂实践。

【实训学时】

4 学时。

【内容体系】

分组—个人推荐—小组交流、分享—班级分享—活动总结—提交作业。

【组织安排】

本次实践活动采取淡化过程管理,实行目标管理的方式。对每个学生内容的选择、实施的方法只做原则性的规定,不做太多的硬性规定,学生可根据自己的具体情况自主确定,最后以小组为单位提交一份 PPT、一篇书面讲稿及活动书面记录(心得体会、总结)。

【实训要求】

(1)各教学班学生分为若干实训小组(每组以 5～8 人为宜),组长负责小组实践活动的组织与督促,同时协助教师进行课堂分享管理和成绩评定等工作。

(2)作品选择上要遵循以下原则:第一,内容健康;第二,思想积极向上;第三,具有鼓舞作用,能引起心灵共鸣,启迪思想,温润心灵,陶冶情操。

(3)实训以班级分享的形式进行,实训小组交流、总结后在教室利用 PPT 课件配合讲解,进行成果分享展示。教师全程参与学生的实训活动。

(4)教师在实训过程中做好组织和指导工作。

【操作步骤】

(1)成立实训小组,视学生实际情况按一定标准对教学班学生进行分组。

（2）教师指导学生选择文艺作品。

（3）小组分工,每个组员在规定的时间内推荐"三个一"。教师指导学生高效完成实训。

（4）小组组员分享,小组集体分享推荐作品,交流心得。组长配合教师做好督促工作。

（5）成果分享准备,组长带领组员共同制作课堂分享使用的课件、讲稿,做好课堂分享前的各项准备工作。

（6）成果分享,三周内完成个人推荐和小组交流,统一安排课堂活动成果分享。分享过程中教师全程参与互动、指导。

（7）教师与学生共同完成实训活动总结。

【实训效果评价】

1.作业设计

"三个一"系列活动作业由活动成果分享 PPT、活动成果分享书面讲稿及活动书面记录三个部分组成。

实践时间	年　月　日	学时	
实践形式及主题			
实践成员（小组成员）		成绩	

主题分享名称及正文(1000 字以上)

2.评价样表

PPT 制作部分评价样表

评价内容	评价项目	成绩	备注
PPT 制作	制作		
	运用		

活动成果课堂分享部分评价样表

评价内容	评价项目	成绩	备注
分享、交流	内容思想性、艺术性		
	语言表达与运用		

3.评价指标

(1)学生参与度情况。

(2)小组交流情况。

(3)课堂活动成果分享情况。

(4)主题活动作业完成情况。

4.评价方式

教师就课堂分享情况和主题活动作业情况,结合小组交流分享环节的学生自我评价结果,按优秀、良好、中等、及格、不及格五个等级做出评价,计入实践课成绩。

5.3.2 实训方案二 "爱的痕迹 生命中的悸动"主题活动

【实训目的】

在本实训中,回忆一件生命中曾经打动过你的亲情、友情故事,与同学分享自己在成长中的收获和情感体验。分享可与班集体成员建立精神与情感的联系,在群体认同的基础上,使成长中美好的记忆和情感得到升华和共鸣,引导和强化善的主流价值观,培养大学生语言表达能力和逻辑思维能力,提升大学生的综合道德素养。

【实训性质】

校内课堂实践。

【实训学时】

4 学时。

【内容体系】

分组—小组分享—小组推荐—班级分享—活动总结—提交作业。

【组织安排】

主题实践活动采取淡化过程管理,实行目标管理的方式。学生在选择内容时必须遵循积极向上、传递正能量的原则。主要范围包括成长中的心路历程,父母之爱,手足、朋友之情,师生之谊,来自陌生人的爱等几个方面。学生根据以上要求视自己的具体情况自主确定内容。小组分享后推荐1~2名同学进行班级分享。活动成绩评价以小组评价和教师评价相结合的方式进行。

【实训要求】

(1)做好活动安排和前期动员工作,引导学生端正思想。要求学生在内容选择上遵循既定原则。

(2)各教学班学生分为若干实训小组(每组以 5~8 人为宜),组长负责小组实践活动的组织与督促,同时协助教师进行课堂分享管理和成绩评定等工作。

(3)选择分享内容时要遵循以下原则:第一,内容健康积极;第二,能传递正能量,能带给同龄人帮助,能引起心灵共鸣,启迪思想,激励人生和陶冶情操。

(4)实训以班级为单位,各实训小组组员分享后推荐组员进行班级分享。

(5)各实训小组组长要安排并组织小组组员做好自评。

(6)小组交流环节教师要做好指导和总结。

【操作步骤】

(1)教学班学生按相应标准成立实训小组。

(2)组长组织各组组员利用课余时间开展小组分享。各小组在小组分享环节做好活动记录和小组考核。

(3)一周内完成小组分享环节,统一安排班级分享。分享过程中教师全程参与指导和总结。

(4)教师与学生共同完成实训活动总结。

【实训效果评价】

1.作业设计

"爱的痕迹 生命中的悸动"主题实践活动作业由小组活动记录、班级活动记录和个人主题活动心得体会三个部分组成。

实践时间	年　月　日		学时	
实践形式、主题				
组员姓名	组员分享记录			成绩
小组总结				

2.评价样表

评价内容	评价项目	成绩	备注
"爱的痕迹　生命中的悸动"主题活动分享、交流	内容		
	语言组织		
	感悟		

3.评价指标

(1)学生参与度情况。

(2)小组分享中学生的表现。

(3)课堂中班级分享的情况。

(4)主题活动作业完成情况。

4.评价方式

教师按照小组学生自评,结合班级分享情况和主题活动作业完成情况,按优秀、良好、中等、及格、不及格五个等级做出评价,计入实践课成绩。

5.3.3　实训方案三　计算养育成本

【实训目的】

通过实训,学生可树立感恩之心,明白"树欲静而风不止,子欲养而亲不待",尽孝须及时的道理。

【实训性质】

校内课外实践＋校内课堂实践。

【实训学时】

5 学时(学生准备 2 学时,课堂交流 3 学时)。

【内容体系】

计算父母养育自己的经济成本—制订"理财规划"—撰写心得体会。

【组织安排】

组织学生做好相关知识的搜集与阅读准备工作,实训后要撰写心得体会。将实训活动的心得体会与课堂交流总结有机结合。

【实训要求】

(1)成本应由直接成本和间接成本两部分构成。直接成本主要包括生活费用、教育费用和婚姻费用等养育孩子所需的直接支出,间接成本包括父母在养育孩子过程中因损失时间和就业机会等而减少的享受和收入。

(2)收益主要包括孩子给父母养老、给家庭带来的经济收入以及孩子满足父母精神需要的消费、享乐三部分。

(3)可通过网络、书籍等各种途径搜集与自己家庭所在地区发展程度相近地区的相关统计数据,参照计算父母养育自己的经济成本。

【操作步骤】

(1)教师介绍目前家庭养育孩子的成本与收益的相关热门观点。

(2)学生对自己的成长过程进行分段统计,相对可靠地计算出父母在自己身上的支出成本。

(3)学生对自己的成长过程进行分段统计,相对可靠地计算出自己已带给或预计能带给父母的收益。

(4)学生经过成本与收益对比,从数据差距出发,思考从现在开始直至未来将计划如何平衡这一差距。

【实训效果评价】

1.作业设计

对自己在校期间的生活费用做一个"理财规划"并严格执行。

2.评价样表

评价内容	评价项目	成绩	备注
"计算养育成本"	成本与收益计算的相对合理性		
	思考与感悟情况		
	大学生生活费用规划是否全面		

3.评价指标

(1)养育孩子的成本与收益计算的相对合理性。

(2)学生通过"计算养育成本"的实训获得的感悟与启示状况。

(3)学生生活费用规划是否全面、合理。

(4)撰写心得体会质量。

4.评价方式

教师根据学生实训情况和作业完成情况,给出实践教学成绩。分为五个等级:

优秀——成本与收益计算翔实、合理,认知深刻,大学生活费用规划科学、合理,切实可行,操作性强。

良好——成本与收益计算合理,认知深刻,大学生活费用规划合理,切实可行,操作性强。

中等——成本与收益计算基本合理,认知全面,大学生活费用规划合理、可行,操作性一般。

及格——成本与收益计算基本合理,认知全面,大学生活费用规划基本合理、可行,操作性一般。

不及格——成本与收益计算不合理,认知不全面,大学生活费用规划没有可行性。

实训项目6 践行社会主义核心价值观 做高素质的现代公民

人不能像走兽那样活着,应该追求知识和美德。

——但丁

6.1 案例导入

有一种善 叫漂洋过海来救你

【案例呈现】

他们都是远渡重洋、身在他国的异乡人。他们都在毫无征兆时,遇到有生命危险的陌生人,并在第一时间迅速做出最重要的决定:救人!他们当中,有腼腆的内蒙古小伙青海,"低调"地不愿将好事公开;有豪气的乌拉圭姑娘玛丽亚,跳水救人全程仅仅花了 10 分钟;有留学美国的合肥小伙杜先汝,因救人不幸遇难,让年逾花甲的双亲不得不接受白发人送黑发人的巨大苦痛……他们都有着最英雄的壮举,都不约而同地用实际行动证明了:在救人面前,没有国籍之分。

1. 淮南青年张宝为韩国患者捐髓,获习主席"点赞"

在韩国。2010 年 1 月 11 日,中国骨髓捐献志愿者张宝与韩国患者配型成功后遭遇了车祸,但他住院治疗康复后,继续为这位韩国患者捐献了 120 毫升造血干细胞,让他有了一次重生的机会。

张宝说:"这都是缘分!捐献造血干细胞对身体没有任何影响,还能救人一命。""我只是一个小人物,做了一件小事。"

2. 合肥小伙杜先汝救人遇难,美国大学降半旗致哀

在美国。杜先汝,1987 年出生于中国合肥,2011 年硕士毕业后赴美访学,2012 年开始攻读美国密歇根大学迪尔伯恩分校工程与计算机学院博士。2014 年 5 月 13 日(美国东部时间),美国密歇根大学的留学生杜先汝与同学去附近的河边散步,不料这位女同学突然跳了河。他顾不得脱去衣服就跳入河中营救,用尽全力将已经昏迷的落水女生推到了岸边,而自己却被河水吞噬。一周后,杜先汝的遗体在鲁吉河的下游被找到。

杜先汝的大哥说:"弟弟去救人是自愿的,虽然很遗憾、很难受,但我们全家都尊重他的选择。"

3. 内蒙古小伙青海在日本餐馆救人,获英雄奖

在日本。2014 年 5 月 13 日凌晨,日本冈山大学附近的一间茶餐店起火,火势迅速蔓延。98 岁的茶餐店经营者及其 59 岁的儿子倒地连连呼救。住在街对面的中国留学生青海听到呼救声后,闯入火灾现场将两人救出。

青海说:"我是第一个赶到现场的人,只不过做了应该做的事情,微不足道。"

4. 上海严俊在日本救人,受聘大阪"观光大使"

在日本。2013 年 9 月 16 日下午,正在大阪市北区的淀川沿岸跑步的中国留学生严俊发现有一名男童不慎落河,当即跳入河中。水流急,一度失败。他爬上岸,顺着水流方向跑了一会,再次跳入水中,终将男童抱上岸。男童得救。

严俊说:"我只是做了我该做的事。"

5. 浙江姑娘两度捐髓救韩国白血病患者,完美诠释"最美杭州人"内涵

在韩国。2012 年 7 月 2 日至 3 日,85 后女孩潘克勤为一名韩国的白血病患者捐献 272 毫升造血干细胞混悬液。2013 年 2 月,患者病情出现了反复,需要二次捐献。潘克勤没有任何的犹豫。2013 年 4 月 9 号,再次捐献了 94 毫升造血干细胞混悬液。

潘克勤说:"能挽救他人的一条生命,捐献骨髓是值得的。"

6. 俄罗斯姑娘在青岛救落水小伙,获见义勇为奖励

2014 年 7 月 12 日,来华陪妹妹治病的俄罗斯姑娘热尼亚像往常一样到第三海水浴场游泳,游到距离海岸近 50 米远的地方时,突然看到一名小伙在海中求救。看到他在那里呼救,热尼亚就快速游了过去。热尼亚使劲地拖着他往岸上游,几乎耗尽全身力气才将小伙拖到浅水区域,随后赶到的浴场工作人员将两人送到了 401 医院。

热尼亚说:"我只是做了一件常人都会做的小事情。"

7. 委内瑞拉小伙卡洛斯跳珠江救落水女孩,获见义勇为奖励

2013 年 9 月 27 日凌晨,来华经商的委内瑞拉小伙卡洛斯坐出租车回家,行至广州人民桥南侧的滨江路上,听到一个姑娘在岸边呼救,虽然不知道她在喊什么,但他觉得她需要帮助。卡洛斯下了车后有一位姑娘说她妹妹在河里。卡洛斯跳入水中,睁着眼睛在水里寻找,随后抓到了一位姑娘的手臂,在岸上路过市民的帮助下,姑娘与卡洛斯顺利上岸。

卡洛斯说:"这并不是什么大事,只是帮了人家一个忙而已。"

8. 乌拉圭姑娘玛丽亚在西湖勇救轻生女,获见义勇为奖励

2010 年 10 月 13 日下午 4 时 40 分左右,定居中国的乌拉圭姑娘玛丽亚和朋友来杭后,在西湖新天地和大华饭店之间的西湖水域附近游玩,发现一女子落入湖中。玛丽亚迅速脱去外衣跳入湖中,很快将其拉上岸。由于施救及时,落水者只是呛了水,无生命危险。

玛丽亚说:"人命关天,救人就是救人,中国人跳下去救,外国人跳下去救,有区别吗?这不是问题的关键,重要的是,在人性面前,我们不应该有国籍之分。"

2014 年 7 月 4 日,习近平主席在韩国国立首尔大学演讲中,提到中国骨髓捐献志愿者张宝与韩国患者配型成功后遭遇了车祸,住院治疗康复后,为韩国患者再次捐献骨髓的事例。《中国文明网》2014 年 7 月 30 日发布了一篇题为《有一种善 叫漂洋过海来救你》的文章。其中,除了讲述获习主席"点赞"为韩国患者捐献骨髓的淮南青年张宝,还列举了在美国密歇根大学因救人遇难的中国留美学子杜先汝,冲入火海救人的留日中国学生青海,勇救大阪男童的中国留学生严俊,两次为韩国白血病患者捐献骨髓的 80 后女孩潘克勤。也记录了获习主席赞誉的,马来西亚籍留学中国的杨永康在中国捐髓救患者;因在青岛救起落水小伙,获见义勇为奖励的俄罗斯姑娘热尼亚;跳入珠江救落水女孩的委内瑞拉小伙卡洛斯;在西湖勇救轻生女的乌拉圭姑娘玛丽亚。文章的结语中这样写道:这些跨国救人的英雄们,他们无私的大爱超越了血缘,跨越了国界。在他人生命攸关的瞬间,他们片刻不迟疑地冲入火海、跃入水中;在患者危在旦夕的关头,他们毫无畏惧地卷起袖管、献出血液甚至骨髓。他们以一颗至善的心,救回了一个个鲜活如初的生命,在一定程度上巩固了两个国家之间的友好关系,浸润了世界和平与友爱的美丽道德之花。"善"一直以来都得到人们的推崇,无论在东方文化还是西方文化中,"友善"都被视为宝贵的美德。

——中国文明网,2014-07-30,已改编

【案例评析】

人世间最宝贵的是什么? 法国作家雨果说得好:善良。善良是古往今来被普遍认同的、合理的道德规范和行为准则;是优秀的道德品行和美好的道德风范;是伦理学中的主要道德范畴。善良是道德的基础和核心。古今中外有许多哲学家和伦理学家对善作过精辟的论述。古希腊的亚里士多德和德漠克里特把善良看成人类原始伦理学的起点。几千年过去了,罗素通览了全人类的生存实践后仍然以这样一句话作概括:"善良的本性在世界上是最需要的。"善,是宗教、哲学、伦理学等范畴中的一个基本概念。中国传统文化历来追求一个"善"字,待人处事,强调心存善良、向善之美;与人交往,讲究与人为善、乐善好施;对己要求,主张善心常驻。然而,在时代前进的洪流中,在市场经济的冲击下,中国传统道德观念被颠覆。善良成为稀缺的美德,与善良同源的友善是社会主义核心价值观的内容之一。今天的社会更加需要善的心灵和善的行为。

"一个民族的文明进步,一个国家的发展壮大,需要一代又一代人接力努力,需要很多力量来推动,核心价值观是其中最持久最深沉的力量。"社会主义核心价值观是引领人们的思想行为、社会的精神风尚和发展方向的灵魂。党的十八大从国家、社会和公民三个层面概括了社会主义核心价值观的价值目标、价值取向和价值准则。即"倡导富强、民主、文明、和谐,倡导自由、平等、公正、法治,倡导爱国、敬业、诚信、友善,积极培育和践行社会主义核心价值观"。正是这三个"倡导"勾绘出一个国家的价值内核、一个社会的共同理想、亿万国民的精神家园。

【案例思考】

(1)解读社会主义核心价值观。

(2)你是如何看待善良这一美好的道德品质的?

(3)你是怎么看待善良与智慧的?

6.2　实训目标和意义

6.2.1　理论教学目标

本实训通过在个人层面形成"爱国""敬业""诚信""友善"的公民道德准则,帮助大学生形成科学的世界观、人生观、价值观。

6.2.2　重点·难点·热点

重点:社会主义核心价值观教育。

难点:学生对科学的世界观、人生观、价值观的自我内化。

热点:社会主义市场经济发展过程中一些领域频繁出现挑战道德底线的言行。

6.2.3　理论联系实际

实训项目主要结合《思想道德修养与法律基础》和《毛泽东思想和中国特色社会主义理论体系概论》相关内容开展。

6.2.4　实训教学目标

本实训结合社会主义核心价值观中个人层面的"爱国""敬业""诚信""友善"的公民道德准则,帮助大学生形成科学的世界观、人生观、价值观,全面提升大学生道德素养,养成良好的道德行为习惯。

6.3　实训形式和操作

实训形式:主题实践;分享展示;道德小剧场;邀请行业标兵做报告;道德评判庭;主题辩论赛;社会调查。

6.3.1　实训方案一　"践行社会主义核心价值观　做高素质的现代公民"主题辩论赛

【实训目的】

实训通过选择大学生关心的涉及核心价值观的内容,在辩论活动中强化对社会主义核心价值观的认识和理解,促进其道德认知和道德内化,形成科学的价值观。

【实训性质】

校内课堂实践。

【实训学时】

5 学时(学生准备 2 学时,主题辩论赛 3 学时)。

【内容体系】

赛前准备—开展辩论赛—撰写赛后感言。

【组织安排】

实践课教学中要提前通知学生辩论赛的主题和相关安排。可以与全院实践课教师合作,统一安排各二级学院初赛后在全院范围内开展决赛;也可采取班级初赛,二级学院决赛的方式。

注:"实训要求""操作步骤""实训效果评价"参考 2.3.3。

6.3.2　实训方案二　"校园不文明行为"主题调查

【实训目的】

本实训旨在了解大学校园中存在的不文明行为,并以小论文的形式思考创建和谐、文明的校园应如何从自身做起,以此全面提升大学生的道德素养,养成良好的道德行为习惯。

【实训性质】

校内课外实践＋校内课堂实践。

【实训学时】

10学时。

【内容体系】

设计问卷—发放问卷—分析问卷—撰写小论文。

【组织安排】

本次主题调查活动应重视前期调查问卷的设计,中期有效问卷的回收、统计和分析,以及后期小论文的撰写。应组织学生提前学习社会调查学的一些基本理论和方法,然后以小组为单位,结合身边的实际热点问题设计调查问卷。最后以小组为单位提交一份调查报告,每人提交一份小论文。

【实训要求】

(1)各教学班学生分为若干调查小组(每组以10人左右为宜),组长负责小组调查活动的组织与督促,同时协助教师进行调研管理和成绩评定工作。

(2)调查要遵循以下原则:第一,理论联系实际;第二,结合身边热点;第三,符合社会调查的一般原理和方法。

(3)以调查问卷的制作、回收及分析为依据,最终以小论文的形式来体现。

【操作步骤】

(1)设计一份以选择题为主的调查问卷,可以课上讨论,征询学生意见,汇总为一份有关"校园不文明行为"的调查问卷。

(2)以班级为单位,选取几位学生负责人,带领学生利用课余时间,在图书馆、食堂内发放调查问卷,要注意有效问卷的回收。

(3)根据问卷情况,汇总并统计出十大校园不文明现象。向相关负责人公布统计后的结果,每位学生据此结果写一篇小论文,字数为800～1000字,题目自拟。

【实训效果评价】

1.作业设计

小论文题目	

学院		姓名		学号	
评阅教师		评阅等级		评阅日期	

2.评价样表

评价内容	评价项目	成绩	备注
"校园不文明行为"主题调查	调查问卷的设计和分析是否科学、合理		
	小论文的撰写质量如何		

3.评价指标

(1)学生参与度情况。

(2)调查问卷的有效性。

(3)小论文撰写的质量。

(4)小组交流与活动成果分享情况。

4.评价方式

任课教师对学生参与主题调研活动的踊跃程度、调查活动中问卷设计、资料搜集整理的热心参与程度以及论文的写作水平,给出实践教学环节成绩,分为五个等级:

优秀——积极主动全程参与主题实践活动,踊跃提出问题;能够认真协助学生负责人发放问卷;论文论点突出,论据充分,论证结构非常合理,在论文中能够精辟体现出自己的见解与对文明、道德的理解。

良好——比较积极参与主题实践活动,比较认真地协助学生负责人发放问卷;论文论点较为突出,论据较为充分,论证结构较为清晰,在论文中能够明确体现出自己的见解与对道德的理解。

中等——参与主题实践活动,能够参与问卷的发放,论文写作较为平庸。

及格——被动参与主题实践活动,对问卷发放不够热心,论文写作非常平庸。

不及格——不参与主题实践活动,不参与调查问卷的发放,对论文写作敷衍了事,甚至没有形成论文。

"校园十大
不文明行为"
调查问卷

6.3.3　实训方案三　"校园不文明行为大曝光"活动

【实训目的】

发现校园的文明和不文明行为,通过正反对比,大学生可认识到日常生活中遵守道德的必要性,增强公德意识,创建文明校园。

【实训性质】

校内课外实践＋校内课堂实践。

【实训学时】

10 学时。

【内容体系】

材料搜集—制作 PPT—演示汇报。

【组织安排】

本次主题活动应重视前期对校园的文明和不文明行为现象的搜集和整理,中期 PPT 的制作,以及后期的演示汇报和分享交流。

【实训要求】

(1)在拍摄过程中,不要发生矛盾和冲突,不要侵犯他人肖像权。

(2)活动应分组进行,学生可以自由组合,但要分工合作。

(3)各小组最后应以 PPT 为载体,进行汇总、交流。

【操作步骤】

(1)学生按 5~8 人/组进行分组,可自由组合,分工合作,选出组长一名,负责督促和协助教师考评。

(2)利用手机和相机拍摄校园内的文明和不文明现象。

(3)以小组为单位,汇总相片,制作 PPT,并附解说词。

(4)以大班为单位,集中展示调查情况。各组安排解说员演示汇报。

(5)借此评选出"校园十大文明行为"和"校园十大不文明行为"。

【实训效果评价】

1.作业设计

制作"校园不文明行为大曝光"活动 PPT。

2.评价样表

评价内容	评价项目	成绩	备注
"校园不文明行为大曝光"活动	PPT 制作水平		
	演示汇报		

3.评价指标

(1)学生参与度情况。

(2)搜集资料的有效性。

(3)PPT制作水平。

(4)小组演示汇报情况。

4.评价方式

在实训"校园不文明行为大曝光"主题实践活动中,教师要结合学生PPT制作水平和小组演示汇报情况,按优秀、良好、中等、及格、不及格五个等级做出评价和学生自我评价,并计入实践成绩。

实训项目7　赠人玫瑰　手留余香

> 人类被赋予了一种工作，那就是精神的成长。
>
> ——列夫·托尔斯泰

7.1　案例导入

中国大学生社会责任感现状

【案例呈现】

责任感作为一种道德情感，指的是存在于社会的具备独立人格的人，对国家、集体以及他人所承担的道德责任及其态度；是每个人在情感上对其他人的伦理关怀和义务。其主要可分为家庭责任感、他人责任感、集体责任感、国家责任感、人类社会责任感。具体而言，家庭责任感主要体现于人们对于家庭成员的关心、爱护程度，以及营造家庭和谐氛围的态度和实际行动的落实性；他人责任感主要表现在与他人交往过程中，是否处处为他人着想，时刻保持一种舍己为人的奉献精神；集体责任感指的是当处于一个集体中时，一个个体能否以集体利益为重的精神；国家责任感指的是个体对于国家的热爱、奉献精神，当国家利益和个人利益产生冲突时，是否能够以国家利益为重，抛却个人主义的狭隘思想；人类社会责任感是社会责任感的最高行为，它体现的是个体对于整个人类社会的牺牲奉献精神，舍弃小我的集大成思想。由此可见，社会责任感是一种内涵非常丰富的人类内在精神和外部行为规范的有机结合体，深刻影响人类的处事行为和处世态度。

"青年一代有理想、有担当，国家就有前途，民族就有希望，实现中华民族伟大复兴就有源源不断的强大力量。"党和政府历来十分重视大学生社会责任感的培育，党的十八大报告、十八届三中全会会议精神和2015年颁布的《关于进一步加强和改进新形势下高校宣传思想工作的意见》中都提出要"培养学生社会责任感、创新精神、实践能力"。作为未来社会发展的动力和希望的大学生，他们的精神价值选择，将直接影响到未来中国社会乃至人类的精神价值走向。

中国社会科学网讯，《中国大学生社会责任感现状调查报告（2018）》（以下简称《调查报告（2018）》）在天津正式发布。《调查报告（2018）》显示，连续4年来，我国大学生社会责任感处于较高水平，总体态势保持平稳。

《调查报告（2018）》指出，2017年中国大学生社会责任感平均得分为81.82分（60分以下为低水平，60～79分为一般水平，80～89分为较高水平，90分以上为高水平，下同）。60分以上的人数占调查人群的92.08%，80分以上的人数占调查人群的65.59%。中国大学生社会责任认知得分为82.50分，大学生社会责任认同得分为83.27分，大学生社会责任行动得分为 79.94 分,大学生网络责任感得分为 83.93 分,学习责任感得分为 82.73 分,生命责任感得分为 82.60 分,学校责任感得分为 79.53 分,政治责任感得分为 78.91 分。与 2016 年相比,大学生社会责任行动得分提高了 0.25 分,大学生政治责任感、学习责任感、学校责任感得分分别提高了 0.71 分、0.26 分、0.12 分。参与"全国大学生社会责任感现状调查"的大学生覆盖我国东、中、西、东北四个区域、不同层次高校的理工农医经管文法艺教育等 13 个学科的 1～5 年级大学生。调查有效率为 81.67%。

【案例评析】

2017 年 6 月 1 日美国总统特朗普在白宫宣布,美国将退出应对全球气候变化的《巴黎协定》。美国学者表示:美国的气候变化政策开始倒退,在美国塔夫茨大学国际环境与资源政策中心主任凯利·加拉格尔看来,美国向世界表现出了"不值得信赖的形象",特朗普"将以忽视对子孙后代的责任而被历史铭记"。由此引发了大国应当如何承担责任的讨论。

2010 年 ISO26000 的社会责任定义是"组织通过透明和合乎道德的行为,为其决策和活动对社会和环境的影响而承担的责任"。对社会责任的认知和履行已经日益成为全球共识。

责任是一个人重要的品质,强烈的责任感是成功人士的一大特点,责任意识让他们表现得更加优秀。作为当今社会中坚力量的大学生,一定要自觉培育社会责任感,社会各界力量也要对大学生社会责任感的培养付出行动,以共同营造良好的社会主义现代化环境。

【案例思考】

(1)社会责任之我见。

(2)当代大学生如何把握自己的理想抱负与社会责任的关系?

7.2 实训目标和意义

7.2.1 理论教学目标

学生自觉继承中华民族优良道德传统,树立科学的人生观,立志创造有价值的人生。

7.2.2 重点·难点·热点

重点:人生观、世界观和价值观教育。

难点:通过人生观、世界观和价值观教育增强学生的社会责任感。

热点:一些领域因道德滑坡而出现的道德失范现象。

7.2.3 理论联系实际

实训项目主要结合《思想道德修养与法律基础》相关内容开展。

7.2.4 实训教学目标

本实训结合感恩教育和道德培育,通过回馈社会、服务社会、帮助他人,提升大学生道德水平,培养和增强大学生的社会责任感。公益工作有助于提高大学生的沟通协调能力,积累社会经验。

7.3 实训形式和操作

实训形式:组织无偿献血;组织志愿者参加各种社会公益活动;社会调查;解读公益广告语;制作校园公益广告、视频;爱心助残、爱心助学。

7.3.1 实训方案一 "我服务 我奉献 我快乐"主题实践活动

【实训目的】

本实训要求学生结合自己的实际,选择为他人或社会做一件有益的事情,亲身感受为社会奉献的快乐体会。"我服务 我奉献 我快乐"主题实践活动可引导大学生自主观察社会、体验社会、服务社会,鼓励大学生创造有价值的人生。

【实训性质】

校内实践与校外社区、街道实践相结合。

【实训学时】

10 学时(学生开展实践活动 7 学时,实践活动情况汇报 3 学时)。

【内容体系】

确立实践活动主题—组织主题实践活动—撰写实践活动心得体会。

社会公益事业是中华民族优良传统的体现,是构建社会主义和谐社会的内在要求。组织开展公益活动,体现了助人为乐的高贵品质和关心公益事业、勇于承担社会责任、为社会无私奉献的精神风貌。公益活动的内容包括社区服务、环境保护、知识传播、公共福利、帮助他人、社会援助、紧急援助、青年服务、慈善、社团活动、专业服务、文化艺术活动等。

在大学生中组织开展社会公益活动有利于促使大学生知行合一,提升大学生整体素质和群体影响力,对于培养大学生社会责任感具有重要意义。大学生开展社会公益活动可以选择知识宣传(如禁毒防艾知识宣传、环境保护知识宣传、食品安全知识宣传、法律知识宣传等)、爱护环境活动(如打扫公区卫生、图书馆整理书籍、景区捡拾白色垃圾等)、献爱心活动(如做志愿者义务支教,到敬老院、孤儿院送温暖,到医院给病人打饭、打开水,给边远贫困山区或灾区捐款捐物等)。

【组织安排】

教师发起公益活动倡议书,组织学生自拟公益活动实训方案,根据方案学生分组实施,组长要起组织、领导、指挥、协调的作用,学生要分工合作,公益活动情况汇报部分由教师统一安排时间和教室进行,公益活动由学生利用课余、周末、节假日时间进行。

实训前教师必须组织校外实训主题讲座和校外社会实践安全教育。

【实训要求】

(1)教师提出若干主题实践活动倡议,如志愿支教、送科技下乡、关爱空巢老人、留守儿童学习帮扶等。

(2)学生可依据自身优势和兴趣,量力而行地选择适合自己的主题。

(3)每一主题实践活动应由志同道合的团队来开展,分工合作,各尽其责。

【操作步骤】

(1)教师提出主题实践活动倡议,学生结合自身实际自主选择,也可依据倡议要求,自主确定实践活动的内容和形式。

(2)依据学生自主选择或确立的主题实践活动的不同,将学生分成若干团队,一个团队进行一项主题实践活动。

(3)一个团队以 10 人左右为宜,队长负责小组实践活动的组织,同时协助教师进行成绩评定工作。

【实训效果评价】

1. 作业设计

活动主题			学时	4
活动地点			活动时间	
证明人及联系方式				
服务对象的评价				
服务活动的材料清单	视频资料			
	媒体资料			
	文字资料			
	图片资料			

主题实践活动图片粘贴处

服务活动的影响及相关评价填写或粘贴处(服务对象的评价和结论,媒体的报道或评价)	
服务活动的过程记录	

对服务活动的感悟和体会 （1000 字左右）	

学院		姓名		学号	
评阅教师		评阅等级		评阅日期	

2.评价样表

评价内容	评价项目	成绩	备注
"我服务　我奉献　我快乐"主题实践活动	学生参与度和服务态度		
	是否按要求完成心得体会的撰写		

3.评价指标

(1)实践活动开展情况。

(2)心得体会撰写情况。

(3)小组交流讨论和活动总结情况。

4.评价方式

"我服务　我奉献　我快乐"主题实践活动,根据学生参与实践活动的表现情况,综合学生自评、学生之间互评以及教师评定做出评价,计入实践成绩,可以根据综合评定结果,设置奖项以资鼓励。

7.3.2　实训方案二　"心髓相连　致青春"无偿献血活动

【实训目的】

"热血是生命的标志,无偿献血是文明进步的标志。"本实训通过动员、组织大学生参加无偿献血活动,一方面可培养大学生热心公益、无私奉献的道德品质;另一方面可培养大学生的社会责任感,提高积极行善的自觉性,感受个体存在的价值、做人的快乐,为青春留下值得骄傲的足迹。活动对塑造大学生良好的社会形象,形成无私奉献的精神风貌,促进社会主义道德建设,构建社会主义和谐社会具有重要意义。

【实训性质】

校外实践。

【实训学时】

2～6 学时。

【内容体系】

实践活动动员、宣传和专业知识普及—组织学生发起倡议—联系采血单位。

无偿献血是指为拯救他人生命,志愿将自身的血液无私奉献给社会公益事业,献血者不从采血单位和献血者单位领取任何报酬的行为。无偿献血是终身的荣誉,无偿献血者会得到社会的尊重和爱戴。近半个世纪以来,世界卫生组织和国际红十字会一直向世界各国呼吁"医疗用血采用无偿献血"的原则。无偿献血是无私奉献、救死扶伤的崇高行为,献血是奉献爱心的体现,其价值是无法用金钱来衡量的。

【组织安排】

组织学生做好主题献血活动前的宣传动员和基本医学常识普及工作,提前与地方血站或医疗部门沟通协调保证主题活动有序开展。安排好主题活动的组织协调和突发事件应急预案。要注意主题活动有序推进与课堂交流总结有机结合。

【实训要求】

(1)教师悉心准备,积极动员,打消学生顾虑。

(2)要求学生根据个人自愿的原则,在身体状况允许的条件下确定参与与否。

(3)不能参与无偿献血的学生,要做好活动的后勤保障工作。

【操作步骤】

(1)教师提出活动倡议,做活动前的宣传动员和专业知识讲解。

(2)发动学生自拟活动倡议书,如"为了那些与死亡一线之隔的生命,献出一袋血,送给生命一份礼物"。

(3)活动结束后对学生进行鼓励和表扬。组织参与者交流活动感受。

(4)评选"优秀校园青年志愿者"。

【实训效果评价】

1.作业设计

主题实践活动心得体会(交流报告)。

2.评价样表

评价内容	评价项目	分值	成绩	备注
"心髓相连　致青春"无偿献血主题实践活动	宣传动员	20		
	倡议书设计	25		
	参与(参与度、组织纪律)	30		
	活动总结	25		

3.评价指标

根据学生参与活动的态度和总体参与情况来评价。

4.评价方式

"心髓相连　致青春"无偿献血活动,根据学生参与实践活动的表现情况和教学目标达成情况综合学生自评、学生之间互评以及教师评定做出评价,以计分形式计入实践成绩。

7.3.3 实训方案三 青年志愿者校内义工活动

【实训目的】

本实训通过青年志愿者校内义工活动,一方面可培养大学生热心公益、无私奉献的道德品质;另一方面可使大学生在校内义工劳动过程中,体验劳动的艰辛,从而认识到劳动成果来之不易,感受到普通劳动者的人生价值,自觉培养尊重劳动、热爱劳动的良好品质和勤俭节约的传统美德。

【实训性质】

校内课外实践。

【实训学时】

5 学时。

【内容体系】

确定义工活动内容—组织义工活动—撰写实践活动心得体会。

【组织安排】

组织学生做好义工活动前的准备工作,做好安全教育工作,强调义工活动纪律并安排班委协助完成主题活动的组织。将校内义工活动与课堂交流总结有机结合。

【实训要求】

(1)教师提出活动倡议,并强调活动安全。

(2)青年志愿者校内义工活动应安排在课余时间进行。

(3)义工活动应分组进行,并适时记录活动内容及撰写心得体会。

【操作步骤】

(1)确定校内义工活动的时间、地点和指导人员。

(2)各教学班学生分为若干志愿小组(每组以 5~8 人为宜),组长负责小组活动的组织,同时协助教师进行管理和成绩评定工作。

(3)适时召开志愿者座谈会,让他们畅谈做义工的体会。

(4)评选"优秀校园青年志愿者"。

【实训效果评价】

"作业设计"和"评价样表"参考 7.3.1。

1. 评价指标

(1)出勤情况、工作质量和劳动态度。

(2)义工活动心得体会的质量。

(3)小组交流讨论和活动总结情况。

2. 评价方式

青年志愿者校内义工活动,设置一等奖 1 名、二等奖 2 名、三等奖 3 名、优秀奖若干名,并颁发荣誉证书,根据评价指标量化学生实践成绩计入课程综合评定成绩。

实训项目8 学法、知法、懂法、守法

法者,天下之准绳也。

——文子

8.1 案例导入

忍气吞声换不来公平对待

【案例呈现】

女大学生郭晶在应聘浙江杭州一家烹饪学校时被告知"只招男性"后,将其告上了法院。这起"浙江就业性别歧视第一案"12日有了结果,法院判定学校侵害了郭晶的平等就业权,赔偿其2000元精神损害抚慰金。

今年6月,应届毕业生郭晶在赶集网上看到杭州市西湖区东方烹饪职业技能培训学校在招聘文案人员,她认为自己的学历及实习经验符合学校的要求,便在网上提交了简历。

郭晶对应聘信心满满,然而等待多天后没有得到任何回复。郭晶便询问对方原因,学校表示只招男性,因为这个岗位不适合女生。随后郭晶起诉了学校,"企业拒绝女生的理由太多了,女生们不能再忍气吞声。"郭晶说。

这是中国第二起影响较大的就业性别歧视诉讼案件。两年前一名叫曹菊的女生也曾状告过一家企业,但上次案件中,案件最终和解,企业给予曹菊3万元的"关爱女性平等就业专项资金"作为补偿。

中国已经通过法律保护女性的平等就业权,但在现实中,仍然存在女性就业遭歧视的现象。妇女权利专家吕频表示,企业经常会计算女性的生育成本,而没有看到女性在企业中所能发挥的创新和调和人际关系的作用。吕频认为中国企业需要扭转这种短视的眼光。

中国妇联妇女发展部2011年发布的《女大学生就业创业状况调查报告》指出,56.7%的受访女大学生在求职过程中感到"女生机会更少",91.9%的受访女大学生感受到用人单位的性别偏见。

——新华网,2014-11-14

【案例评析】

在全国总工会公布的2014年我国十大劳动违法典型案件中,"浙江新东方烹饪职业技能培训学校侵犯女性平等就业权"一案位列榜首。一些用人单位常常提高女生录用标准,"宁用武大郎,不选穆桂英"仍是一些单位招人用人的潜规则。我国宪法及相关法律早已明确妇女在政治、经济、文化、社会和家庭生活等方面享有同男子平等的权利。其中,也包括妇女享有与男子平等的劳动权利。然而,在现实生活中,由于缺乏必要监管,各类就业歧视现象仍屡有发生。

用人单位的行为侵犯了原告的平等就业权,违反了我国宪法和相关法律中有关公民享有平等就业权和用人单位不得歧视女性的规定。

大学里很多女生都非常努力,积极参与各种社会活动,但是找工作时,一些用人单位却完全不考虑她们的能力,而是以性别为由拒绝招聘。加上维权成本高,所以大多数人选择了忍气吞声。忍气吞声换不来公平对待,就业是大学生踏入社会的第一步,从招聘、投简历到面试,就业歧视会造成一些负面影响。"有些人会自我否定,丧失信心;有些人可能慢慢变得愤世嫉俗,认为社会环境不公。"所以,无论从劳动保障的层面,还是法治建设的层面,对女性的就业歧视现象都应该受到更多的关注。"可能会有企业或法官认为我们无理取闹。其实正是因为当前就业歧视现象较为常见,以至于很多时候大家会认为这是正常现象。"小郭说,她更多地是想传递一个理念,"不要漠视身边的不公,维权一定要坚持"。

【案例思考】

(1)你怎么看待维权?

(2)你认为大学生应该如何维权?

8.2　实训目标和意义

8.2.1　理论教学目标

社会主义法制通常是指社会主义国家的法律和制度,或者指社会主义民主的制度化、法律化。社会主义法制是在打碎旧的国家机器、废除旧的法制体系的基础上建立的,代表了社会主义国家全体人民的最大利益和意志。它包括立法、执法、守法三个方面,要求做到"有法可依,有法必依,执法必严,违法必究"。其基本原则是法律由国家统一制定和实施,法律面前人人平等等。

实训在理论与实践的结合中,加强大学生的社会主义法制教育,树立社会主义法治观念,增强国家安全意识,加强法律修养,正确处理成长、成才过程中遇到的法律问题。

8.2.2　重点·难点·热点

重点:宪法的母法地位、公民的基本权利和义务、人民代表大会制度的优越性、各实体法律制度的基本原则。

难点:如何正确理解和正确行使公民的基本权利? 如何增强大学生社会主义法制观念,提高大学生的法律素质?

热点:我国的实体法律制度和程序法律制度。

8.2.3　理论联系实际

实训项目主要结合《思想道德修养与法律基础》相关内容开展。

8.2.4　实训教学目标

本实训通过进一步巩固社会主义法制教育,帮助大学生树立社会主义法制观念,增强国家安全意识,加强法律修养,正确处理成长、成才过程中遇到的法律问题,努力做到依法行使公民权利,履行公民义务,维护法律尊严,以适应依法治国、建设社会主义法治国家对大学生法律素质的要求,做一个知法、懂法、守法的合格公民。

8.3 实训形式和操作

实训形式:法律知识竞赛,模拟法庭,近期热点案件讨论,旁听法庭庭审,法制宣传,社会调查,参观监狱和戒毒所。

8.3.1 实训方案一 "法随我行 律动我心"法律知识竞赛

【实训目的】

本实训可进一步提高大学生的法律知识水平,培养大学生对法律的热爱,宣传法律知识,促进我校大学生良好学风的养成,同时加强各学院之间的交流与合作,丰富大学生的课余生活,为大学生提供一个展示自我、锻炼自我的舞台。

【实训性质】

校内实践。

【实训学时】

6 学时。

【内容体系】

预赛—初赛—决赛—活动总结。

【组织安排】

在教师的指导下,法律知识竞赛活动以学生为主体,采取比赛的方式让学生掌握基本的法律知识。

【实训要求】

(1)前期准备工作必须在规定时间内完成,不得延误。

(2)试题和答案严格保密,不得泄露给任何人。

(3)活动期间安排 4 名机动人员,负责计划外问题的解决。

(4)提前与相关部门联系教室,确保活动的开展不影响学生的正常学习。

(5)要求教师在实训过程中做好组织和指导工作。

【操作步骤】

(1)每个教学班学生通过自由组合和教师指定的方式形成四个组:竞赛出题组、参赛选手组、评分标准制定和评委组、观众组。各组有序组织开展演讲比赛前期准备工作。

竞赛出题组:由 3～5 名学生组成,主要负责搜集、整理竞赛题目,同时给出标准答案。题型包括判断题、单项选择题和填空题各 15 道。

参赛选手组:按自然班学生人数的 15%～25%报名。选手利用课余时间根据出题内容做好赛前准备工作。

评分标准制定和评委组:由 5～10 名学生组成,负责制定评分标准、确定评委人选。

（2）各组利用 5 学时的时间做好赛前准备工作。

（3）实践课教师按任课班级分组，组织自然班初赛。

（4）在初赛基础上组织实践课教师任课各班级复赛。

（5）复赛并颁奖。

（6）每一自然班学生提交一份实训报告作为这一实训主题的书面作业。报告须附整理后的竞赛使用资料和竞赛现场影视资料。

竞赛流程：

①主持人致开场白，宣布知识竞赛开始。

②各小组代表抽签，决定必答题回答顺序。

③各小组依顺序答完必答题，统计分数。

④进入抢答题环节，统计分数。

⑤教师总结，并公布竞赛结果。

⑥主持人宣布竞赛结束。

【实训效果评价】

"作业设计""评价样表"参考 3.3.1。

1. 评价指标

（1）学生参与度情况。

（2）班级组织情况。

（3）赛前准备情况。

（4）知识掌握情况。

依法治国方略
发展历程

2. 评价方式

"法随我行　律动我心"法律知识竞赛，设置一等奖 1 名、二等奖 2 名、三等奖 3 名、组织奖若干名，并颁发荣誉证书和奖品，根据学生参与实践活动的表现情况和竞赛成绩做出评价并计入实践成绩。

法律知识
竞赛题

8.3.2　实训方案二　"法与人生"报告会

【实训目的】

本实训通过真实、典型的案例，深入浅出地讲解违法犯罪的社会危害性和大学生养成遵纪守法良好习惯的重要意义。

【实训性质】

校内实践。

【实训学时】

4 学时。

【内容体系】

活动准备—报告会—活动总结。

【组织安排】

在教师的指导下,以学生为主体,聘请法律方面的专家、办案人员或正在服刑的人员来校做"法与人生"报告会,给学生以心灵的洗礼。

【实训要求】

(1)报告会现场严格保持会场纪律。

(2)前期准备工作必须在规定时间内完成,不得延误。

(3)要求教师在实训过程中做好组织和指导工作。

【操作步骤】

(1)联系来校做报告的法律方面的专家、办案人员或正在服刑的人员。

(2)提前与相关部门联系报告厅,确保活动的顺利开展。

(3)准备报告会需要的设备、材料。

(4)要求学生根据报告内容写一份1000字左右的心得。

(5)制作课堂分享使用的课件、讲稿,做好课堂分享前的各项准备工作。

(6)统一安排课堂活动成果分享。

(7)实训结束,提交各自的活动记录和实训报告。

【实训效果评价】

1.作业设计

报告会题目				学时	4
学院		姓名		学号	
报告会心得体会 (1000～1500字)					
成绩			评阅教师		
评阅等级			评阅日期		

2.评价样表

评价项目	标准	分值/分	成绩/分
学习内容	准确、简洁、概括地介绍所学内容	10	
理解认识	见解独到,反映客观事实,具有普遍意义	30	
书面表达	表达清晰、流畅、自然,无错别字	20	
字数	达到规定的字数要求	5	
感受	感受真实,联系实际,有自我教育意义	35	

总分:

3.评价指标

(1)学生参与度情况。

(2)报告会的心得体会是否符合要求。

4.评价方式

"法与人生"报告会主题实践活动,教师根据学生的参与情况和报告会的心得体会,结合学生自评情况综合评定实践成绩。

复旦大学
投毒案

8.3.3　实训方案三　模拟法庭

【实训目的】

模拟法庭是在教师的指导下,由学生扮演法官、检察官、律师、案件的当事人、其他诉讼参与人等,以司法审判中的法庭审判为参照,模拟审判某一案件的活动。本实训通过学生亲身参与,将所学法学理论知识、司法基本技能等综合运用于实践;通过分析和研究案例,模拟案件的处理,解释法律规定,掌握案情与法律之间的关系,了解并熟悉法学理论,活学活用,以达到理论和实践相统一,培养法律意识,形成法治思维。

模拟法庭

【实训性质】

校内实践。

【实训学时】

6学时。

【内容体系】

活动准备—模拟法庭—活动总结。

【组织安排】

在教师的指导下,以学生为主体,选择典型案件进行模拟法庭活动,让学生了解案件审判的具体程序。

【实训要求】

(1)活动前做好充分的准备工作,布置现场要及时到位。

(2)注意现场的秩序,保持安静。

(3)活动中各部门相互协调合作,共同完成本次活动。

(4)场控人员和主持人要注意控制好每个环节的时间。

(5)安排人员在庭审阶段时间快到时,举牌提醒。

(6)要求教师在实训过程中做好组织和指导工作。

【操作步骤】

(1)角色选择:本次活动面向全体学生,选出审判长一名,审判员两名,书记员一名,公诉人两名,辩护人一名,被告一名,证人、法警各两名等相关角色。

(2)联系模拟法庭实验室,布置活动场地。

(3)准备材料。搜寻案例,进行筛选并打印;准备好服装、音响、照相机等:木槌1个,座牌、演员服装若干,话筒5~7个等。

(4)准备诉讼文书(起诉书、公诉词、证据及说明、辩护词),理清诉讼过程。

(5)制定活动规则,角色选拔表格的制作和打印。

(6)庭审现场。

模拟法庭分为5个部分进行:

①在入场前,先由主持人致辞、介绍各位来宾。为了稳定来得早的观众及嘉宾的情绪,可在开庭前播放一段有关法律方面的视频。

②入场(约10分钟)。书记员宣读法庭纪律,之后请公诉人、辩护人依次入庭,并坐在规定位置;最后全体起立,审判长、审判员入庭。在审判长敲响法槌后,法庭正式开审。

③法庭调查阶段(约15分钟)。a.审判长宣布进入法庭调查阶段,公诉人宣读起诉书;b.带被告,公诉人、辩护人发问及讯问;c.证人作证;d.举证、质证。

④法庭辩论阶段(约25分钟)。审判长宣布法庭调查阶段结束,现在进行法庭辩论阶段。a.公诉人发表公诉词;b.被告人自我辩诉;c.被告、辩护人辩护;d.审判长宣布法庭辩论结束,被告人做最后陈述。

⑤宣判阶段(约20分钟)。审判长宣布休庭10分钟,合议庭评议。a.敲响法槌,继续开庭;b.审判长口头判决,全体起立;c.审判长宣布闭庭,庭审结束。

(7)制作课堂分享使用的课件、讲稿,做好课堂分享前的各项准备工作。

(8)统一安排课堂活动成果分享。

(9)实训结束,提交各自的活动记录和实训报告。

【实训效果评价】

1.作业设计

题目				学时	6
学院		姓名		学号	
法庭审理的基本程序					
模拟法庭观后感 (500~1000字)					
成绩			评阅教师		
评阅等级			评阅日期		

2.评价样表

评价项目	标准	分值/分	成绩
代理词（公诉词）	代理词（公诉词）事实关系简练清晰,法律关系清楚;宣读者普通话标准,口齿清楚,声音洪亮,有感情	15	
举证、质证	举证方的证据确凿有力;质证善于发现证据的事实效力,并提出强有力的推翻理由;若出示明显的、违法的假证据或是牵强编造证据的倒扣分	15	
提问环节	提问方的问题有针对性,简练易懂,确凿有力;回答方的回答简练	10	
辩论环节	紧扣案情及法律依据;表达清楚,语言简练易懂;逻辑推理能力强,善于抓住对手的漏洞及矛盾;每组的每位成员必须发表自己的辩论意见	20	
赛时仪态	注意仪表,手势运用得当;语言文明;带入感情进行比赛,但切忌过于激动	10	
法律用语	能够尽可能地运用适当的法学用语	10	
临场发挥	对突发性事件的应变能力,如在质证和辩论中遭遇对方反诘时的应对是否机敏、沉着	10	
综合印象	从准备到结束的所有表现	10	

总分：

3.评价指标

(1)学生参与度情况。

(2)模拟法庭过程中的表现。

4.评价方式

根据学生现场表现进行评分。

8.3.4　实训方案四　监狱参观警示教育

【实训目的】

通过监狱参观活动,学生更直观、更现实地感受"铁窗"的生活,感悟到正常人生的美好、自由生活的可贵,激发对现实生活的满足感,懂得珍惜在校的学习和生活,明白人生自由的可贵,从而使学生在对比中对法律有初步的认识和了解,从现在起自觉抵制各方面的不良诱惑,增强法治观念,树立法治意识,养成防微杜渐、积极向上的良好习惯,做一名遵纪守法的好学生、好公民。

【实训性质】

校外实践。

【实训学时】

5学时。

【内容体系】

活动准备—参观监狱—听忏悔心声—活动总结。

【组织安排】

在教师的指导下,以学生为主体,采取校外监狱参观的方式,让学生珍惜现在的生活,做到知法、守法。

【实训要求】

(1)成立安全小组,带队教师全程陪同。

(2)出发前利用课堂时间向所有参加活动的学生讲清此次参观活动的纪律、目的、意义及安全常识。做好心理教育、安全教育、纪律教育,要求学生自觉、严格执行。

(3)在参观地要集合整队,清点人数,随车负责人要切实安排学生有序进行活动。

(4)活动结束返回前,再由随车负责人清点人数。

(5)活动期间小组成员必须保持通讯畅通。

【操作步骤】

(1)联系参观的监狱,协调参观时间。

(2)班级分组,确定各组负责人。

(3)安排活动前进行安全及注意事项培训。

(4)宣布参观活动的具体安排。

(5)探访监狱,参观羁押人员的生活、学习、劳动场所。

(6)听取监狱负责人对基本情况的介绍。

(7)听在押人员的忏悔心声。

(8)制作课堂分享使用的课件、讲稿,做好课堂分享前的各项准备工作。

(9)统一安排课堂活动成果分享。

(10)实训结束,提交各自的活动记录和实训报告。

【实训效果评价】

1.作业设计

作业设计见《思政实践课实训活动手册》P15。

2.评价样表

评价项目	标准	分值/分	成绩
参观纪律	参观时遵守纪律	20	
理解认识	见解独到,反映客观事实,具有普遍意义	20	
书面表达	表达清晰、流畅、自然,无错别字	20	
字数	达到规定的字数要求	5	
感受	感受真实,联系实际	35	

3.评价指标

(1)学生参与度情况。

(2)学生参观时是否遵守纪律。

(3)参观总结的质量。

(4)小组交流与活动成果分享情况。

4.评价方式

根据学生参观的表现和活动总结的质量,采取学生自评和教师评定的方式综合评定主题实践成绩。

实训项目 9　爱情是什么

这世界要是没有爱情,它在我们心中还会有什么意义!

——歌德

9.1　案例导入

天津大学恋爱课开讲　首讲"恋爱中的法律"

【案例呈现】

天津大学从 2016 年春季学期开始正式推出"恋爱学理论与实践"课程,两个学分。当代大学生谈恋爱需要学习吗? 该消息刚一发布即引发热议。

校方称,该课程的组织者是学校的学生社团"鹊桥会"。恋爱课的推出基于天津大学自 2015 年 9 月始实施的学生课外实践教育课程化、学分制改革。系列课程的开设以有利于学生成长和发展为初衷,内容涵盖思想政治、人文艺术、创新创业、志愿服务、社会实践、身心健康等。课外实践教育学分情况将纳入学生综合素养测评范围。

当天"恋爱课"的首讲者是天津大学法学院副教授刘晓纯,在一个半小时的课程中,他将恋爱中可能涉及的法律问题一一向学生讲述,让现场满怀"浪漫憧憬"的青年学生心中马上多了一分"敬畏"之情。

刘晓纯说,作为高校教师,责任不仅仅在"教书",更在"育人",他希望通过课程传递给学生两个观念:"感恩"和"责任"。

"大学生谈恋爱,花的多是父母的钱,希望通过这些法律问题的讲述能让学生们知道,享受任何权利的同时要考虑承担相应的责任。这不仅仅是恋爱关系中更是人际交往中需要的'情商'。"而对于这门课程,刘晓纯老师笑道这也是他第一次公开谈"恋爱"。

天津大学心理健康教育中心主任杨丽指出,恋爱是大学生活中的重要主题,关乎人的终身幸福。"不知道怎么爱,缺乏爱的能力"是现实中许多年轻人出现的情感危机。"恋爱"会让人更加成熟,大学时期恰是青年人"练爱"的重要时间段,如果可以通过"恋爱课"让青年人更加理解自己和对方,学会一些处理两性关系的技巧,懂得在处理人际关系时需要理解和尊重,那么将来他们走上社会就会有更强的人际关系适应力,可以更好地处理一些关系,具有更强的获得幸福的能力。

据了解,"恋爱课"系列课程还安排有"恋爱礼仪与约会技巧""爱他/她先要爱自己""爱有自我才会赢""爱情面面观——恋爱团体心理辅导沙龙"等。除开设"恋爱课"外,天津大学还将推出"伴侣咨询"等心理咨询服务,辅助青年学子更好地处理情感问题。

——中国新闻网,2016-03-31

【案例评析】

从法律的角度来说,能具体规范恋爱中男女双方的权利与义务的法律规范是没有的。据此,有一些人错误地认为恋爱是双方之间的事情,只涉及个人道德问题,不涉及法律问题。其实,青年人在恋爱过程中可能涉及的法律问题很多。虽然我国目前还没有单独地对恋爱行为制定具体的法律,但是它适用于《中华人民共和国治安管理处罚法》《中华人民共和国民法通则》《中华人民共和国婚姻法》《中华人民共和国合同法》等法律规范。

【案例思考】

(1)恋爱,你准备好了吗?

(2)你如何看待恋爱中的义务与责任?

(3)你心目中真正的爱情是什么?

(4)你具备爱的能力吗?

9.2　实训目标和意义

9.2.1　理论教学目标

大学生应正确对待恋爱问题,处理好爱情与成才的关系,具体来说就是要做到"二要二不要",即选择要慎重,交往要有度;不要脱离现实,不要庸俗化。

9.2.2　重点·难点·热点

重点:恋爱和婚姻中的道德规范。

难点:婚姻家庭有关法律规范。

热点:当代大学生的恋爱和婚姻态度。

9.2.3　理论联系实际

实训项目主要结合《思想道德修养与法律基础》相关内容开展。

9.2.4　实训教学目标

通过实训,学生进一步明确爱情的本质和爱情的道德要求,学会正确认识和对待爱情问题,明确爱情与人生的关系,了解爱情的真谛,逐步树立起正确的恋爱观和婚姻家庭观。

9.3　实训形式和操作

实训形式:主题辩论赛;专题调查研究报告会;小组讨论;现身说法;名人爱情。

9.3.1　实训方案一　"关于爱情……"主题讨论会

【实训目的】

爱情问题是引发大学生思想困惑、心理问题的一个重大问题。本实训主要通过引导大学生自主讨论,探讨爱情本质、恋爱与学业、恋爱中的道德要求等方面的问题。

【实训性质】

校内课堂实践。

【实训学时】

5 学时(学生准备 2 学时,小组讨论 3 学时)。

【内容体系】

设定讨论话题—分组讨论—提交讨论会记录表。

【组织安排】

在教师的指导下,小组讨论活动以学生为主体,讨论话题在教师引导下由学生主导设定。可与班委和教学班辅导员联系,商定利用班级经费购买讨论会物质奖励。

【实训要求】

(1)讨论前,教师布置学生搜集这一主题学生普遍关注和困惑的问题。根据学生关心和困惑的问题拟出若干讨论主题。

(2)讨论分组进行,每个组负责一个具体主题的深度发言。

(3)小组要安排组员就自由讨论过程中的重点和亮点进行记录。

(4)讨论结束后应及时整理讨论会记录表。

【操作步骤】

(1)讨论前,教师应围绕主题,科学提出若干讨论话题,比如:

①爱情是什么?

②大学生真的需要爱情吗? 大学生恋爱利弊辩论。

③异性友谊与爱情(男女间有无纯洁的友情)。

④你如何定位爱情在人生中的位置?

⑤大学生恋爱仅仅是"练爱"吗? 兼评大学生恋爱状况。

⑥你认为大学生恋爱的最主要特征是什么?

⑦只有激情式的、"一见钟情"的爱情才是真正的爱情吗?

⑧怎样认识恋爱与婚姻中的"门当户对"问题?

⑨恋爱中的性关系、未婚同居与道德无关?

⑩你认为如何培养爱的能力(施爱能力、受爱能力、拒绝爱的能力)?

⑪失恋了怎么办?

⑫网恋问题。

(2)应将教学班分组,每组 5～8 人为宜,每个组负责选定一个讨论话题,也可围绕主题自主确定一个主题做深度发言准备。

(3)讨论过程中,担任主题话题的小组率先发言,并通过他们的引领带动其他同学发言。

(4)小组应分工合作,组长负责督促本组成员做发言准备,并安排组员发言和记录。

(5)讨论结束后应及时整理讨论会记录表。

【实训效果评价】

1.作业设计

作业设计见《思政实践课实训活动手册》P18。

2.评价样表

评价内容	评价项目	分值/分	成绩/分	备注
"关于爱情……" 主题讨论会	主题选择	20		
	小组讨论、小组总结发言	40		
	心得体会	40		

3.评价指标

(1)话题选定:讨论内容是否紧扣主题,指向是否明确,讨论是否具体。

(2)小组发言:发言是否有说服力,论据是否充分,推理过程是否合乎逻辑,事实引用是否得当。

(3)心得体会:是否有感而发,情真意切;基本观点是否正确,合乎逻辑。

4.评价方式

任课教师在综合考查学生实训态度、表现及成果的基础上,给出实践教学环节成绩,并对参与讨论的同学进行适当表彰和奖励。

9.3.2　实训方案二　大学生恋爱状况调查

【实训目的】

通过对本校大学生恋爱状况的调查,学生能够正确对待恋爱与婚姻问题,树立正确的恋爱观与婚姻观。

关于大学生
恋爱观
调查问卷

【实训性质】

校内课外实践＋校内课堂实践。

【实训学时】

10 学时。

【内容体系】

设计并制作调查问卷—发放并回收问卷—分析并得出结论。

【组织安排】

调查前教师必须组织社会调查方法专题讲座,强调问卷制作、发放、统计及分析中的注意事项。要将校内课外调查成果与课堂交流有机结合。

【实训要求】

(1)调查活动应分工合作,各尽其责。

(2)问卷设计的问题应与调查主题相关,且较为全面。

(3)问卷统计、分析应科学、合理,符合逻辑。

【操作步骤】

(1)教学班分为若干实训小组,每组 5～8 人为宜,组长负责小组实践活动的组织与督促,同时协助教师进行成绩评定工作。

(2)在教师指导下,各小组自行设计调查问卷。

(3)各小组进行有效分工,在组长的统一安排下进行问卷的发放与回收。

(4)在教师指导下,各小组独立对问卷进行统计和分析。

(5)各小组相互交流,统一安排课堂活动进行成果分享。分享过程中教师及时参与互动、指导。

【实训效果评价】

1.作业设计

组织调查小组,制作"大学生恋爱状况调查表",对本校大学生恋爱状况进行调查,并进行分析,提出相关建议。

2.评价样表

评价内容	评价项目	成绩	备注
大学生恋爱状况调查	问卷设计问题的相关性和逻辑性		
	分析和结论的有效性		

3.评价指标

(1)调查分工情况。

(2)问卷设计问题的相关性、逻辑性、数量。

(3)问卷发放、回收、分析的科学性。

4.评价方式

教师根据学生制作的调查问卷和统计、分析,给出实践教学成绩。分为五个等级:

优秀——问卷问题设计合理,内容与主题密切相关,全面而又符合逻辑,问卷结果分析严谨、科学。

良好——问卷问题设计比较合理,内容与主题相关,全面而又符合逻辑,问卷结果分析科学。

中等——问卷问题设计较为合理,内容与主题相关,且符合逻辑,问卷结果分析没有重大错误。

及格——问卷问题设计较为合理,内容与主题相关,问卷结果分析没有重大错误。

不及格——问卷问题设计不合理,内容偏离主题,逻辑性差,问卷结果分析出现重大错误。

9.3.3 实训方案三 "法律与爱情"报告会

【实训目的】

本实训通过典型案例,深入浅出地讲解大学生因为知法、守法、用法意识缺乏而触犯法律的现象,教会学生正确面对在恋爱过程中特别是恋爱受挫后的法律与道德底线问题,做到失恋不失德,当自身权益受到侵犯时,学会利用法律武器进行维护。

【实训性质】

校内实践。

【实训学时】

3 学时。

【内容体系】

活动准备—报告会—活动总结。

【组织安排】

在教师的指导下,以学生为主体,采取聘请法律方面的专家、办案人员或正在服刑人员来校做"法律与爱情"报告会,给学生以心灵的洗礼。

【实训要求】

(1)要求报告会现场保持会场纪律。

(2)前期准备工作必须在规定时间内完成,不得延误。

(3)要求教师在实训过程中做好组织和指导工作。

【操作步骤】

(1)联系来校做报告的法律方面的专家、办案人员或正在服刑人员。

(2)提前与相关部门联系报告厅,确保活动的顺利开展。

(3)准备报告会需要的设备、材料。

(4)要求学生根据报告内容写一份 1000 字左右的心得体会。

(5)制作课堂分享用的课件、讲稿,做好课堂分享前的各项准备工作。

(6)统一安排课堂活动成果分享。

(7)实训结束,提交各自的活动记录和实训报告。

【实训效果评价】

1. 作业设计

主题		学时	3
时间		主讲	
地点		指导教师	
心得体会 (1000 字左右)			
学院		姓名		学号	
评阅教师		评阅等级		评阅日期	

2.评价样表

评价内容	评价项目	分值/分	成绩/分	备注
"法律与爱情"报告会	态度	30		
	表现	40		
	成果	30		

3.评价指标

(1)态度：不缺勤、不迟到、不早退，遵守纪律。

(2)表现：全程认真听报告会内容，能够利用交流机会，与做报告人良性互动。

(3)成果：心得体会文理通顺、语言流畅、用语准确、格式规范，有效实现课堂分享。

4.评价方式

任课教师在综合考查学生实训态度、表现、成果及综合学生自评的基础上，按优秀、良好、中等、及格、不及格五级评分制给出实践教学环节成绩。

法律讲堂　　　　《道德修养与法律基础》课后练习题

实训项目 10 以史为鉴 勿忘国耻

不尊重历史的人,注定要重犯历史的错误。

——桑塔亚

10.1 案例导入

梁启超——五十年中国进化概论(节选)

【案例呈现】

古语说得好:"学然后知不足。"近 50 年来,中国人渐渐知道自己的不足了。这一方面算是学问进步的原因,另一方面算是学问进步的结果。

第一期,先从器物上感觉不足。这种感觉,从鸦片战争后渐渐萌发,到同治年间,借了外国兵来平内乱,于是曾国藩、李鸿章一班人,觉得外国的船坚炮利,确是我们所不及,对于这方面的事项,觉得有舍己从人的必要,于是福建船政学堂、上海制造局等渐次设立起来。但这一期内,思想界受的影响很少,其中最可纪念的,是制造局里头译出几部科学书。这些书现在看起来虽然很陈旧、很肤浅,但那群翻译的人,有几位颇忠实于学问,他们在那个时代,能够有这样的作品,实在难得。因为那时读书人都不会说外国话,说外国话的都不读书,所以这几部译本书,实在是替那第二期"不懂外国话的西学家"开出一条血路了。

第二期,是从制度上感觉不足。自从和日本打了一个败仗下来,国内有心人,真像睡梦中着一个霹雳,因想道,堂堂中国为什么衰败到这田地? 都是因为政制不良,所以拿"变法维新"做一面大旗,在社会上开始运动,先锋就是康有为、梁启超一班人。这班人中国学问是有底子的,外国文却一字不懂。他们不能告诉人"外国学问是什么,应该怎么学法",只会日日大声疾呼,说:"中国旧东西是不够的,外国人许多好处是要学的。"这些话虽然像是囫囵,在当时却发生很大的效力。他们的政治运动,是完全失败,只剩下前文说的废科举那件事,算是成功了。这件事的确替后来打开一个新局面,国内许多学堂,外国许多留学生,在这期内蓬蓬勃勃发生。这一期学问上最有价值的出品,要推严复翻译的几部书,算是把 19 世纪主要思潮的一部分介绍进来,可惜国人能够领略的太少了。

第三期,便是从文化根本上感觉不足。第二期所经过时间比较长,约 20 年的时间,政治界虽变迁很大,思想界只能算同一个色彩。简单说,这 20 年间,都是觉得我们政治、法律等,远不如人,恨不得把人家的组织形式,一件件搬进来,以为能够这样,万事都有办法了。

这三期间思想的进步,试把前后期的人物做个尺度来量一下,便很明白:第一期,如郭嵩焘、张佩纶、张之洞等辈,算是很新的怪物。到第二期时,嵩焘、佩纶辈已死去,之洞却还在。

之洞在第二期前半,依然算是提倡风气的一个人,到了后半,居然成了老朽思想的代表了。在第二期,康有为、梁启超、章炳麟、严复等辈,都是新思想界勇士,立在阵头最前的一排。到第三期时,许多新青年跑上前线,这些人一趟一趟被挤落后,甚至已经全然退伍了。这种新陈代谢现象,可以证明这五十年间思想界的血液流转得很快,可以证明思想界的体气实已渐趋康强。

——梁启超,《五十年中国进化概论》,已改编

【案例评析】

1922年,上海《申报》创刊50周年。申报馆借机延请各界名人对最近50年世界及中国的变化进行一次总结,梁启超于是应邀撰写了这篇文章。梁启超以中国现代化运动为切入点,将中国近五十年的历史分为三个时期。先从机器上感觉不足,以奕䜣、曾国藩、李鸿章、张之洞等为代表的洋务派发起了向西方学习先进技术的洋务运动,洋务派推动的洋务事业概括起来有四项,即兴办军用工业以自强;兴办民用工业以求富;建立新式海陆军;创办新式学堂,派遣留学生。从制度上感觉不足,以康有为、梁启超为代表的资产阶级改良派发起了戊戌变法运动,试图通过光绪皇帝自上而下进行改革,在中国建立起君主立宪制度。在制度变革方面做出努力的还有以孙中山为代表的革命派,他们发动了辛亥革命,试图采用暴力手段推翻封建君主专制,建立起资产阶级民主共和制,这一点梁启超没有提。从文化根本上感觉不足,以陈独秀、李大钊为代表的知识分子掀起了新文化运动,高举民主、科学两面旗帜,试图用西方先进的文化来代替中国落后的封建文化,使人们从封建思想的束缚中即蒙昧状态中解放出来。在中国近代史上,一代又一代的仁人志士为了探索救国救民的方案付出了艰辛的努力,但这些方案都遭到了不同程度的阻挠。

《南京大屠杀
全纪实》:
反思历史
勿忘国耻

【案例思考】

(1)为什么洋务运动、戊戌变法和辛亥革命都没能救中国?其各自失败的原因和教训是什么?

(2)五四之前的新文化运动有什么历史局限性?

(3)中西方的差距表现在由浅入深的三个层面,即器物层面、制度层面、文化层面,你认为这三个层面是什么关系?

10.2 实训目标和意义

10.2.1 理论教学目标

本实训通过学习旧民主主义革命时期近代中国的史情和国情,可使学生了解近代中国半殖民地半封建社会的形成及其基本特征,认识中国人民进行反对帝国主义侵略和反对本国封建主义压迫的必要性和正义性,以及在这一过程中积累的基本历史经验和教训;通过学习新民主主义革命时期近代中国的史情和国情,学生可了解新民主主义革命发生、发展的时代条件、历史进程和基本经验。学习从1840—1949年共110年的近代史,目的就是让学生了解历史和人民是怎样选择了马克思主义作为我们的指导思想,怎样选择了中国共产党作为我们的领导核心,怎样选择了社会主义作为我们前进的道路和方向,从而做到"三个坚持"。

10.2.2　重点·难点·热点

重点：

旧民主主义革命时期发生的重大历史事件及不同阶级探索中国出路的思想和实践历程。新民主主义革命发生和发展的时代条件和社会环境,新民主主义革命的历史进程和基本状况,新民主主义革命逐步取得胜利的原因、基本经验。

难点：

(1)帝国主义对中国的侵略给中国带来了什么？

(2)农民阶级、地主阶级、资产阶级对国家出路的探索为什么都失败了？

(3)中国革命的新道路为什么能取得成功？

(4)如何看待抗日战争中国民党和共产党的作用？

(5)中国新民主主义革命胜利的基本经验与意义。

(6)新旧民主主义革命的区别与联系。

热点：

(1)如何看待殖民侵略的作用？

(2)中国人民的反侵略斗争有何意义？

(3)为什么资本主义道路在中国行不通？

(4)如何处理好中日关系？

(5)我们应该如何树立理论自信、制度自信和道路自信？

10.2.3　理论联系实际

实训项目主要结合《中国近现代史纲要》第一至七章的相关内容展开。

10.2.4　实训教学目标

本实训通过加深学生对"民族独立和人民解放"历史进程的了解,使学生了解帝国主义入侵中国及其与中国封建势力相结合给中国人民带来的深重苦难,正确认识争取民族独立解放、实现国家富强两大历史任务的关系,充分认识革命的必要性、正义性和进步性,从而使学生自觉地继承爱国主义传统和革命传统,进一步发扬中华民族的民族精神,增强民族的自尊心、自信心和自豪感。

10.3　实训形式和操作

实训形式:历史知识竞赛,参观地方史展览,阅史有感,史学沙龙,主题演讲,历史上的今天,社会调查,课堂辩论。

10.3.1　实训方案一　中国近代史知识竞赛

【实训目的】

通过开展历史知识竞赛,学生更深刻地了解近代史的相关知识点,树立正确的历史观。通过对相关事件和人物的把握,学生对这一段屈辱史、探索史、斗争史、奋斗史有更清晰的认识,了解历史和人民是怎样做到"三

中国近现代史
知识竞赛题

个坚持"的,从而坚持马克思主义的指导,坚持共产党的领导,坚持社会主义道路。

【实训性质】

校内课堂实践。

【实训学时】

10 学时(学生复习 4 学时,做题 2 学时,阅卷评分 2 学时,评卷评奖 2 学时)。

【内容体系】

知识竞赛内容围绕教材《中国近现代史纲要》第一章至第七章展开,题型全部为客观题,分为单项选择题和多项选择题两种题型,每一道题就是一个知识点,涉及面较广、较细。

【组织安排】

教师制作比赛试卷,确定时间、地点,学生在规定时间内完成答题,然后交换试卷,教师评析,学生改卷计分,最后收卷评奖。

【实训要求】

(1)教师引导学生做好赛前准备工作。

(2)学生独立安排比赛具体事项。

(3)学生参与成绩评定。

(4)教师注意做好竞赛题保密工作。

【操作步骤】

(1)教师安排近代史知识比赛方案,提出复习范围和要求。

(2)留两周时间给学生复习。

(3)教师确定竞赛时间、地点。

(4)在比赛前布置考场。

(5)学生入场,在规定时间内完成试卷。

(6)请 10 名学生按教师提供的参考答案评卷,教师审卷。

(7)评奖并颁发奖状,条件许可的予以物质奖励。

【实训效果评价】

1.评价指标

竞赛卷面成绩。

2.评价方式

按高分至低分取前 15 名,设一等奖 3 名、二等奖 5 名、三等奖 7 名。

10.3.2 实训方案二 讲历史故事比赛

【实训目的】

通过讲历史故事比赛,学生了解近代史上一些鲜为人知的人和事,对历史的了解更为具体、生动、形象,也能从历史故事中加深对相关历史的认识,从历史故事中得到启示和借鉴,总结经验教训,树立正确的历史观。

【实训性质】

校内课堂实践。

【实训学时】

8 学时(学生搜集资料、整理故事、熟悉准备 4 学时,课堂讲述 3 学时,评析颁奖 1 学时)。

【内容体系】

围绕教材《中国近现代史纲要》第一章至第七章,选取侵略与反侵略战争、太平天国运动、洋务运动、戊戌变法运动、辛亥革命、五四新文化运动、大革命、土地革命、长征、抗日战争及解放战争时期发生的故事。既可以是名人的故事,又可以是老百姓的故事;既可以是正面人物的故事,又可以是反面人物的故事;既可以是英勇斗争的故事,又可以是探索真理的故事。虽然故事内容不限,但必须有一定的主题、目的和教育意义。

【组织安排】

教师安排实训方案,留一定时间给学生搜集资料、整理和准备故事,然后确定时间、地点。学生进行讲述,讲述时安排 5 名同学做评委,一名同学统计分数,讲述完成后教师评析颁奖。

【实训要求】

(1)学生围绕《中国近现代史纲要》的近代史部分,搜集资料,选取故事。

(2)学生对故事要整理加工,不要照抄照搬。

(3)学生对故事要熟悉,尽量能脱稿讲述。

(4)故事长短适中,以讲 3~5 分钟为宜。

【操作步骤】

(1)教师安排讲近代史故事方案,提出相应的要求。

(2)留两周时间给学生搜集资料,准备故事。

(3)教师确定讲故事的时间、地点。

(4)学生讲故事。

(5)每个学生讲完故事后,5 个评委打分,一张表填完就交给统分员统计分数并计算平均成绩。

(6)教师总结。

(7)评奖并颁发奖状,条件许可的予以物质奖励。

【实训效果评价】

1. 评分标准

(1)主题内容(30 分):内容主题鲜明、深刻,富有教育意义。

(2)语言表达(30 分):语言自然流畅,富有真情实感,脱稿,声音洪亮,普通话标准,语速适当。

(3)形象风度(20 分):衣着整洁,仪态端庄大方,举止自然、得体,体现朝气蓬勃的精神风貌;上下场致意,答谢。

(4)现场感染力(10 分):有较强的现场感染力,能引起听众的共鸣。

(5)整体效果(10分):由评委根据参赛者的临场表现、讲述技巧等做出综合评价。

2.评分样表

序号	姓名及故事题目	评分项目					总分
		主题内容 (30分)	语言表达 (30分)	形象风度 (20分)	现场感染力 (10分)	整体效果 (10分)	
1							
2							
3							
4							
5							
6							
7							
8							
9							
10							

3.评价方式

按高分至低分取前15名,设一等奖3名,二等奖5名,三等奖7名。

10.3.3 实训方案三 "勿忘国耻 爱我中华"主题演讲比赛

【实训目的】

本实训通过主题演讲比赛,使大学生充分了解祖国历史,激发对祖国的强烈责任心和高度责任感;增强大学生对祖国未来建设的信心,进而促进大学生以积极的心态和饱满的学习热情,为投身有中国特色的社会主义建设事业做准备。

【实训性质】

校内课堂实践。

【实训学时】

10学时(学生准备5学时,演讲比赛5学时)。

【内容体系】

动员—分组—初赛—决赛。

活动以"勿忘国耻 爱我中华"为主题,可充分展示当代大学生的风采和才能,鼓励大学生以各种新颖的视角和方式表达对祖国的热爱,增强大学生的民族自豪感,坚定对祖国复兴的信心。

【组织安排】

实践课教学中要提前通知学生演讲比赛的主题和相关安排。可以与全院实践课教师合作,统一安排各二级学院预赛后,在全院范围内开展决赛。也可采取班级预赛,二级学院决赛的方式。

【实训要求】

(1)教师做好充分的动员工作。

(2)要求有规范的演讲稿。学生围绕演讲比赛的活动主题,拟定演讲稿,任课教师负责指导。

(3)任课教师利用课堂教学时间组织演讲比赛初赛,按每个教学班学生人数的适当比例,遴选优秀选手参加决赛。

(4)提前联系竞赛场地,确保活动的开展不影响学生的正常学习。

(5)教师在实训过程中做好组织和指导工作。

(6)学生和教师共同组成评委,对优秀学生给予物质和精神奖励。

【操作步骤】

(1)每个教学班学生自由报名参加比赛。

参赛选手组:每一思政实践课学习小组推荐一名选手参加初赛。初赛后按5%的比例推荐复赛选手。选手依据演讲主题做好赛前准备工作。

评委组:评委组由5~10名学生组成。负责确定评委人员,制订评分标准。

(2)各班级初赛。

(3)在初赛基础上组织复赛。

(4)决赛并根据排名颁奖。

(5)参赛选手提交演讲稿。每一自然班学生提交一份主题演讲活动记录作为这一实训主题活动书面作业。

【实训效果评价】

1.作业设计

演讲稿题目			学时	5
参考文献	作者	书名	出版单位	出版时间

续表

文献综述	

演讲稿主要内容 (1000~1500 字)	

演讲时间		演讲地点		演讲成绩	
小组演讲		组长签字			
班级演讲		任课教师签字			
学院		姓名		学号	
评阅教师		评阅等级		评阅日期	

2.评价样表

评价内容	评价项目	分值/分	成绩/分	备注
"勿忘国耻　爱我中华"主题演讲比赛	演讲稿撰写	30		
	演讲内容	30		
	声音和普通话水平	20		
	情绪	10		
	着装	10		

总分:

3.评价指标

(1)学生参与度情况。

(2)演讲稿的撰写是否符合要求。

(3)演讲过程中的声音、表情和肢体语言的运用。

4.评价方式

"勿忘国耻 爱我中华"主题演讲比赛,设置一等奖1名、二等奖2名、三等奖3名、优秀奖若干名,并颁发荣誉证书,以参与学习小组为单位综合实践成绩计入综评成绩。

实训项目 11　跟我重走长征路

长征是历史记录上的第一次,长征是宣言书,长征是宣传队,长征是播种机。

——毛泽东

11.1　案例导入

红军长征故事

【案例呈现】

战地女杰:贺子珍的身体里嵌入 17 块弹片

在悲壮的二万五千里长征中,活跃着一群特殊身影,她们中有中央领导同志的夫人,有女干部,也有普通女兵。饥饿、疾病、血战、死亡,没有什么能阻挡住她们前进的脚步,这一群可亲可敬的巾帼英雄在弥漫的硝烟中一路穿行。

1935 年 4 月初的一个晚上,女红军们刚拖着疲倦的身体赶到贵州盘县附近的五里排,意想不到的情况出现了:一群敌机"嗡嗡"地叫着突然从山后飞过来,其中一架敌机快速俯冲下来,一阵激烈的机枪子弹迎头扫射,三枚炸弹投向休息营地。战士们迅速趴在路坎下、田沟里、坡地上,高高低低的地势把一些人遮蔽起来,但要命的是一些红军伤员躺在担架上根本动不了。

贺子珍本来是隐蔽在路边一道土坎下的,但她不顾个人安危爬出去疏散担架。这时,一枚炸弹投了下来,在她身边顿时腾起一股烟尘……

敌机飞走了,枪声、爆炸声停止了,硝烟和尘土渐渐消散开去。贺子珍的身体里嵌满了弹片,鲜血把军衣浸染得殷红。

一场紧张的抢救开始了。警卫员骑马去总卫生部请来李芝医生,为贺子珍救治。李芝先为贺子珍打了一支止血针,然后做了全身检查,发现在她的头部、上身、四肢共有 17 块大小不一、深浅不同的弹片,在没有实施任何麻醉的情况下,手术开始了。贺子珍疼得浑身大汗淋漓,眼里噙满泪花,却坚持一声不吭。身体浅层的弹片终于被一块块取出,而深入体内的弹片却难以取出,成为战争留给她的一份永久纪念。

永恒情谊:刘伯承与彝族头领歃血为盟

在长征中,中国工农红军纵横十几个省,不仅斩关夺隘、抢险飞渡,与敌人进行激烈的战斗,还要做好少数民族的工作,取得他们对红军的支持。

在这些困难面前,红军每经过一个少数民族地区都大力宣传党的民族政策,尊重少数民族的风俗习惯,宁可自己挨饿,也不动少数民族群众的一粒粮食;宁可在外受冻,也不擅自进老乡家门。通过广大红军的实际行动,一些受蒙蔽的少数民族群众渐渐认识了红军,他们不仅热情款待红军,还从方方面面帮助红军,在短暂的时间里,留下了一个个令人难忘、感人至深的故事。

1935 年 5 月,红一、三、五军团在四渡赤水、巧渡金沙江后,来到四川会理,准备向北穿过彝族地区,强渡大渡河,红军先遣队司令刘伯承接受了任务。5 月 22 日上午,刘伯承带着队伍前进了,他让肖华领导的工作团走在队伍最前面。突然,山林中传来"呜嘀、呜嘀"的喊叫声,只见山路上站着几百名彝族青壮年,他们手持棍棒、枪支、石块、长矛和弓箭,不停地呼喊着、奔跑着。这时,肖华走上前去,向一个身材高大的中年彝族人耐心地解说红军的宗旨和借道北上的目的,表示愿意和他们友好合作,并说红军刘司令愿意与彝族首领结盟修好。很快,红军得到回话,彝族沽基家首领小叶丹愿与红军结盟。

当天下午,刘伯承与小叶丹在肖华的安排下见面。小叶丹见眼前这位司令戴着眼镜,态度和蔼,连忙摘下头帕,按照彝族最虔诚的礼仪下跪行礼。刘伯承急忙把小叶丹扶起来,亲切地说:"红军是保护穷人利益的,我们打仗的目的就是要把压迫百姓的人消灭,我们应该结为兄弟,联合起来打土豪,不要自己打自己。"一席话,说得小叶丹心里热乎乎的,他忽然站起来说:"刘司令,你的话句句说到俺心窝里去了。按照俺们的传统习惯,俺们今天歃血为盟,兄弟相称。"刘伯承爽快地同意了。

小叶丹喊了一声,几个彝族人跑上来,手里提着一只羽毛十分美丽的大公鸡,端着两碗清清的水。小叶丹左手抓鸡,右手握着大镰刀,口里念道:"5 月 22 日,刘司令、小叶丹结义为兄弟。"说完举刀割断鸡喉,鲜红的鸡血滴进碗里,刘伯承也举碗发誓,说罢,两人举碗一饮而尽,静静的山谷顿时一片欢腾。

【案例评析】

在 20 世纪中国人民进行的波澜壮阔的革命斗争中,发生了一件世界历史上前所未有的壮举——中国工农红军的万里长征:一支二十来万人的军队,分别由中国的南部、中部,穿越人烟稀少、条件艰苦的西部,转战到中国的西北部胜利会师,为中国革命的胜利奠定了基础。美国《时代周刊》在 1972 年评论说:中国工农红军长征的胜利,与"哥伦布对美洲大陆的发现一样,是震撼世界的成就"。

红军长征的这段经历,再次证明了红军当时处境的险恶,但他们能够洞察先机,及时扭转不合时宜的方针政策,不计较暂时的退却,才使有生力量保存下来,这是毛泽东等革命领袖随机应变的结果。中国共产党人,在面临生死之际,英明地选择了能够带他们走出险境的领袖,这又是一个决定性的胜利。组织问题解决了,大家的行动便有了灵魂人物的指挥。所以遵义会议后,特别是在四渡赤水的过程中,中央红军以少胜多,变被动为主动。主力随后南渡乌江,直逼贵阳,迅即西进,后又抢渡金沙江,摆脱了国民党军的围追堵截,取得了战略转移中具有决定性意义的胜利。后来由于执行了正确的民族政策,红军顺利通过大凉山彝族区。接着以当地少数民族为向导,红军强渡大渡河,飞夺泸定桥,翻越夹金山,与红四方面军在懋功会师。这也是一个启示:中国共产党人的胜利始终是与人民走在一起的胜利。与人民和谐相处,共产党人才能够如鱼得水。这是今天深入学习科学发展观的我们也应该明

"真正的"红军

长征——
跨越极限

白的:以人为本,走和谐之路,是新一代领导集体对我党为人民服务的根本宗旨在结合国内外形势的条件下,与时俱进的延续和发展。

【案例思考】

(1)列举红军长征过程中特别令你难忘的历史故事。

(2)长征过程中那些令你难忘的历史故事有哪些启示意义?

11.2　实训目标和意义

11.2.1　理论教学目标

长征精神为中国革命不断从失败走向胜利提供了强大的精神动力,集中展示了中华民族自强不息的民族品格。在实践实训中,学生可了解国家的历史,激发爱国热情。

11.2.2　重点·难点·热点

重点:红军长征的过程、会议、战略方针。

难点:红军长征的战略方针。

热点:红军长征的启示。

11.2.3　理论联系实际

实训项目主要结合《中国近现代史纲要》第五章和《毛泽东思想和中国特色社会主义理论体系概论》第一、二章的具体内容开展。

11.2.4　实训教学目标

通过实训,学生应了解国家的历史,激发爱国热情,在实践中培养革命精神,坚定承担历史重任的不变信念,奋起直追,实现新时期新跨越。

11.3　实训形式和操作

实训形式:指导学生搜集有关红军长征的历史资料(采取多种形式展示);参观红色教育基地;挖掘本土革命历史资源进行专题讲座和专题报道;歌咏比赛;舞台剧演出;革命故事汇;走访老红军;社会调研等。学生在学习一门思想政治理论课的过程中,在完成所有课堂讲授及考查环节的同时,利用课外时间,参加一次"红色旋律"讲坛(3学时),阅读一部红色题材书籍(4学时),观赏一部红色经典影片(3学时)。在"四个一"工程系列活动中,促使自身了解国家的历史,激发爱国热情,在实践中培养革命精神,坚定承担历史重任的不变信念。

11.3.1　实训方案一　"红色旋律"讲坛

【实训目的】

通过讲述发生在长征中的感人故事,青少年可深深感受在艰苦的革命岁月里,革命前辈们把乐观的革命态度和无比坚定的革命信念转化为夺取胜利的武器,为当代青少年克服各种困难树立了榜样。

【实训性质】

校内实践。

【实训学时】

3 学时。

【内容体系】

确定主题—讲坛组织与安排—讲坛的实施—成果分享—活动总结。

【组织安排】

结合思想政治理论课教学,讲述长征故事,对学生直接关心但课堂上限于教学大纲与教学计划的要求难以拿出整块时间讲解的热点、难点问题,进行专题讲解。

【实训要求】

(1)学生须高度重视,全体参与,力求讲坛活动收到实效。

(2)设立"红色旋律"交流信箱和电子交流邮箱,供学生与主讲教师交流。

【操作步骤】

(1)成立活动组织机构,联系主讲教师。

(2)撰写活动执行计划和实施细则。

(3)准备活动场地、设备、材料,进行现场布置。

(4)活动正式举办。

(5)每期录制成视频放在网站上,供没能直接到现场参与论坛的同学学习。

(6)制作课堂分享使用的课件、讲稿,做好课堂分享前的各项准备工作。

(7)统一安排课堂活动成果分享。

(8)实训结束,提交各自的活动记录和实训报告。

【实训效果评价】

1. 作业设计

讲坛内容			学时	3
学院		姓名	学号	
讲坛心得体会 (1000~1500 字)				
成绩		评阅教师		
评阅等级		评阅日期		

2.评价样表

评价项目	标准	分值/分	成绩/分
学习内容	准确、简洁、概括地介绍所学内容	10	
理解认识	见解独到,反映客观事实,具有普遍意义	30	
书面表达	表达清晰、流畅、自然,无错别字	20	
数量	达到规定的字数要求	10	
感受	感受真实,联系实际,有教育意义	30	

总分:

3.评价指标

(1)学生参与情况。

(2)讲坛心得体会是否符合要求。

4.评价方式

根据学生的参与情况和心得体会的质量评定成绩。

11.3.2 实训方案二 "红色旋律"读书会

【实训目的】

通过参加"红色旋律"读书会等方式阅读一本红色题材书籍,学生能更好地理解课堂内容、开阔视野。通过读书活动,学生激发读书、读好书的兴趣。

【实训性质】

校内实践。

【实训学时】

4 学时。

【内容体系】

教师推荐书籍目录—学生阅读—成果分享—活动总结。

【组织安排】

教师为学生布置阅读书籍目录,设计思考问题。

【实训要求】

(1)教师要加强领导,准备好阅读书籍目录。

(2)学生须高度重视,全体参与,力求读书活动收到实效。

【操作步骤】

(1)由教师推荐书籍,经过讨论确定要读的书,每个月读一本书且要精读,一个月后在会上讨论各自的读书感悟,或者写读书心得发到教师邮箱,大家一起分享。

(2)在每周规定的时间,师生一起对最新的时事政治进行解读,以此提高自身分析问题、解决问题的能力。

（3）每个学生要制订自己的读书计划，在课后阅读各种各样的书籍，然后有选择地写读书感受，通过各种方式分享自己的读书体会。

（4）制作课堂分享使用的课件、讲稿，做好课堂分享前的各项准备工作。

（5）统一安排课堂活动成果分享。

（6）实训结束，提交各自的活动记录和实训报告。

【实训效果评价】

1.作业设计

作业设计见《思政实践课实训活动手册》P20。

2.评价样表

评价项目	标准	分值/分	成绩/分
内容	能够清楚、完整、比较简练地概括出书中的主要内容	20	
结构	读后感结构清楚，"读"与"感"的结合点明确	25	
感受	能够围绕"读"与"感"的结合点，具体、真实地表达出自己的感受	35	
数量	达到规定的字数要求	10	
格式	语言表达通顺、有条理，标点符号使用正确	10	
总分：			

3.评价指标

（1）学生参与情况。

（2）读后感是否符合要求。

4.评价方式

根据学生的参与和读后感的撰写质量，结合学生自评和教师评价，综合评定学生实践成绩。

11.3.3　实训方案三　"光荣岁月"主题观影活动

【实训目的】

为了丰富学生的业余生活、弘扬红色精神，通过播放革命影片，学生感受革命先烈顽强的毅力、大无畏的奉献精神，从而增强民族意识和爱国精神。

【实训性质】

校内实践。

【实训学时】

3学时。

【内容体系】

教师选定影片—组织学生观看—成果分享—活动总结。

【组织安排】

结合课堂教学,学生欣赏一部红色爱国题材的影片,影片播放后由教师进行影评。

【实训要求】

(1)影片选自中共中央宣传部、教育部确定的百部爱国主义影片。

(2)学生观看时保持安静。

(3)学生观看红色电影,写观后感。

【操作步骤】

(1)选定播放影片。

(2)联系播放场地和设备。

(3)组织学生观看。

(4)教师进行影评。

(5)制作课堂分享使用的课件、讲稿,做好课堂分享前的各项准备工作。

(6)统一安排课堂活动成果分享。

(7)实训结束,提交各自的活动记录和实训报告。

【实训效果评价】

1.作业设计

题目				学时	4
学院		姓名		学号	
电影名称					
观后感 (500～1000字)					
成绩			评阅教师		
评阅等级			评阅日期		

2.评价样表

评价项目	标准	分值/分	成绩/分
观看内容介绍	能够清楚、完整、比较简练地概括出观看电影的主要内容	20	
理解和认识	对主题的理解	50	
影响	引起认识与思考,促进行为的转化	30	

总分:

3.评价指标

(1)学生参与情况。

(2)观后感撰写情况。

4.评价方式

根据学生的参与情况和观后感的撰写质量,综合学生自评和教师评价,综合评定学生实践成绩。

11.3.4　实训方案四　会理县皎平渡遗址爱国主义教育基地主题参观活动

【实训目的】

1935 年 5 月 6 日,毛泽东、朱德、周恩来等中央领导人渡江,在皎平渡会理一侧的中武山洞中指挥红军渡江。从此,中央红军完全摆脱了数十万大军的围追堵截,实现了渡江北上的战略意图。皎平渡口也因此名扬天下,成为中国革命历史的圣地。1994 年修建了连接川滇两省的渡江大桥,聂荣臻元帅亲自为"红军巧渡江纪念碑"题写了碑名,宋任穷(当年红军干部团政委)题写了碑文,详细地记载了红军的渡江经历和在会理进行的两次激战。现在,纪念碑、文展馆等纪念设施已相继在皎平渡桥落成,成为四川省爱国主义教育基地。本次活动利用地方资源,大力弘扬和培育民族精神,利用思政实践课深入开展爱国主义教育,激发当代大学生的民族自尊心、自信心、自豪感,树立国家利益高于一切的观念,巩固树立科学的理想、信念,形成正确的人生观、价值观。

【实训性质】

校外社会实践。

【实训学时】

6 学时。

【内容体系】

爱国主义教育基地情况介绍(参观目的、意义、注意事项)—组建参观小分队—实地参观—撰写参观心得体会—参观总结。

【组织安排】

组织学生做好参观前的理论储备工作,做好校外参观学生的安全教育,强调参观纪律并安排班委协助完成主题活动的组织。将爱国主义教育基地参观成果与校内参观交流总结有机结合。

【实训要求】

(1)参观爱国主义教育基地前任课教师做好动员与组织工作。

(2)活动以各二级学院为单位统一组织,各自然班推荐学生人数的 15%～20%参加。

(3)参加主题活动的学生以自然班为单位随机组成参观实践小分队。

(4)学生干部辅助进行纪律和安全管理。

(5)提前联系爱国主义教育基地的接待讲解和接送学生的车辆。

(6)任课教师全程参与指导主题参观活动和后期交流总结工作。

【操作步骤】

(1)采取主题讲座的形式邀请专家进行"长征精神"主题汇报或观看反映长征精神的影视资料,作为主题参观活动的前期准备。

(2)各班推荐参加主题参观活动的学生名单。

(3)实地参观的学生随机组成参观实践小分队。

(4)参观实践小分队做好参观前的准备工作(提前准备参观记录用的工具)。

(5)协调理论课时间,尽量避免影响学生正常学习。

(6)实地参观。

(7)返校后各小分队整理参观记录,以班级为单位开展主题活动进行交流、总结。

【实训效果评价】

1.作业设计

会理县皎平渡红军渡遗址爱国主义教育基地主题参观活动记录,样表参见《思政实践课实训活动手册》P15。

2.评价样表

评价内容	评价项目	成绩	备注
参观纪律	是否遵守学校和基地相关纪律		
小组交流	小组讨论、小组发言		
参观心得	是否结合实践主题按要求完成心得体会		

3.评价指标

(1)学生参与情况和参观纪律。

(2)主题活动心得体会的质量。

(3)小组交流讨论和活动总结情况。

4.评价方式

教师结合学生自我评价,按优秀、良好、中等、及格、不及格五个等级做出评价,计入实践成绩。

实训项目 12　伟人魅力

魅力是一种内在美,而不是妖媚的面貌和动人的体态。

——布雷默

12.1　案例导入

李大钊——传播马克思主义的第一人

【案例呈现】

李大钊,字守常,河北乐亭人。1889 年,李大钊出生于乐亭县大黑坨村。1907 年,18 岁的李大钊为寻求救国救民真理考入天津北洋法政专门学校,参与出版《言治月刊》。1913 年毕业后东渡日本,入东京早稻田大学政治本科学习。面对国家尚未真正独立富强的现状,李大钊忧国之所忧,哀民之所哀,写下《隐忧篇》和《大哀篇》,下定决心为挽救中华而努力奋斗。

1915 年,日本帝国主义提出灭亡中国的"二十一条",李大钊积极参加留日学生的抗议斗争。他起草的通电《警告全国父老书》传遍全国,他也因此成为著名的爱国志士。1916 年李大钊回国后,到北京大学任图书馆主任兼经济学教授,积极投身于正在兴起的新文化运动,成为新文化运动的一员主将。

十月革命一声炮响,给中国送来了马克思列宁主义。俄国社会主义革命的胜利极大地鼓舞和启发了李大钊,他以《新青年》和《每周评论》等为阵地,相继发表了《法俄革命之比较观》《庶民的胜利》《布尔什维主义的胜利》《我的马克思主义观》《再论问题与主义》等大量宣传十月革命和马克思列宁主义的著名文章和演说,阐述十月革命的意义,讴歌十月革命的胜利,旗帜鲜明地批判改良主义,积极领导和推动五四爱国运动的发展,成为中国共产主义的先驱、我国最早传播马克思主义的人。

1920 年初,李大钊与陈独秀相约,在北京和上海分别活动,筹建中国共产党。中国共产党成立后,李大钊负责党在北方的全面工作,并任中国劳动组合书记部北方区分部主任。在党的三大和四大上,李大钊都当选为中央委员。1922 年到 1924 年初,李大钊频繁地奔走于大江南北,多次代表共产党与孙中山会谈,为建立革命统一战线呕心沥血,做了大量工作。1924 年 1 月,李大钊作为大会主席团五位成员之一,出席了国共合作的国民党第一次全国代表大会,被孙中山指定为大会主席团成员之一,参加大会宣言的起草等,为实现国共合作做出了重要贡献,当选为国民党中央执委会委员。此后,直接担负国共两党在北方的实际领导工作。

1926 年,李大钊领导并参与反帝反军阀斗争,遭到北洋军阀的仇视,1927 年 4 月 6 日,奉系军阀张作霖勾结帝国主义,在北京逮捕李大钊等 80 余人。在狱中,李大钊备受酷刑,但始终严守党的秘密,大义凛然,坚贞不屈。4 月 28 日,北洋军阀政府不顾社会舆论的强烈反对和谴责,将李大钊等 20 位革命者绞杀在西交民巷京师看守所内。临刑前,李大钊慷慨激昂:"不能因为反动派今天绞死了我,就绞死了伟大的共产主义,共产主义在中国必然得到光辉的胜利。"他高呼"共产党万岁!"英勇就义,时年 38 岁。

【案例评析】

本案例反映的是五四时期李大钊为国家、为民族追求真理,宣传马克思列宁主义,探索国家出路的事迹。对于 19 世纪 40 年代至 20 世纪初的中国人民来说,他们所能够提出的救国方案就是:学习西方,走资本主义道路。先进的中国人学习西方,不但十分热情和虔诚,而且是逐步深入和相当全面的。但最终,中国人学习西方的努力,都是以失败告终。中国并没有因此变成一个富强的资本主义国家,而是变成了一个积贫积弱的半殖民地半封建社会。马克思主义是无产阶级的世界观和社会革命论,因而无产阶级把马克思主义当作自己的精神武器。中国的先进分子是在 1917 年俄国十月革命之后接受马克思主义的。以李大钊为代表的中国先进知识分子,从十月革命的胜利中领悟到了马克思主义的真理和威慑力,认识到应该以俄为师,于是开始接受马克思主义,并热情地歌颂和宣传马克思主义。随着马克思主义在中国的传播及其同工人运动的初步结合,随着一批接受马克思主义的先进分子的涌现,在中国建立中国共产党的条件日趋成熟,1921 年在上海召开了中国共产党第一次全国代表大会。1922 年中国共产党民主革命纲领的制定和 1924 年 1 月国共第一次合作,实现了由旧民主主义革命到新民主主义革命的转变。

【案例思考】

(1)马克思主义为什么能够在 20 世纪一二十年代的中国得到广泛的传播?

(2)通过分析本案例,谈谈中国的先进知识分子在五四时期为马克思主义的传播做出了哪些贡献。

12.2　实训目标和意义

12.2.1　理论教学目标

伟人品质作为一种宝贵的精神财富,对于我们今天思想政治课教学中学生良好品质和高尚的理想信念的培养具有重要价值。

理想信念是人心灵世界的核心。有没有理想,有怎样的理想,决定了一个人是高尚充实的,还是庸俗空虚的。理想信念是激励人们向着既定目标奋斗进取的不竭动力。理想作为人生的精神支柱,直接折射着一个人的精神状态。一个有理想的人必定在精神上高于他人,因为,理想能够提升人的精神境界。而伟人特有的人格魅力,正好给理想信念形成时期的青年学生以深刻的人生启迪。

实践教学结合教学内容可从各方面、多角度展示伟人不同时期极具特色的人格魅力,用伟人极富魅力的人格来感染学生,发挥伟人高尚品质和人格魅力的教育与导向作用。实训以伟人的人格魅力作为榜样,激励和促进大学生人格和品德的养成。

12.2.2　重点·难点·热点

重点:理解理想和信念对大学生成长、成才的重要意义,确立马克思主义的科学信仰,树立中国特色社会主义的共同理想。

难点:如何在实践中把理想转化为现实?

热点:当代大学生理想与信仰的缺失。

12.2.3　理论联系实际

实训项目主要结合《中国近现代史纲要》《毛泽东思想和中国特色社会主义理论体系概论》和《马克思主义基本原理》等的相关内容。

12.2.4　实训教学目标

通过实训,学生进一步了解马克思、恩格斯、列宁、李大钊、毛泽东、周恩来、邓小平等中外伟大的马克思主义者高尚的品格、崇高的理想、伟大的精神境界和坚定的共产主义信念。通过主题实训感受伟人的人格魅力,给青年学生以深刻的人生启迪。

12.3　实训形式和操作

实训形式:读伟人传记,讲伟人故事,评伟人事迹,毛泽东诗词朗诵会。

12.3.1　实训方案一　"读伟人传记"主题读书活动

【实训目的】

本实训通过阅读伟人传记,了解伟人事迹,帮助大学生感知伟人高尚的品格、崇高的理想、伟大的精神境界和坚定的共产主义信念,以此给青年学生以深刻的人生启迪。

【实训性质】

校内课外实践。

【实训学时】

5 学时。

【内容体系】

搜集经典—阅读经典—撰写心得体会。

【组织安排】

组织学生做好阅读前的书籍搜集准备工作,强调阅读过程中读书笔记的重要性,读后要撰写心得体会。将读后感与课堂交流总结有机结合。

【实训要求】

(1)教师在主题活动前应加以科学引导。

(2)要注意阅读材料的典型性和代表性。

(3)读书活动之后应及时撰写心得体会,巩固阅读成果。

【操作步骤】

(1)教师向学生推荐一些阅读书目(附目录),并利用课堂上的相关内容加以引导。

(2)学生在广泛阅读的基础上,选择1~2本书重点研读,并写出1500字左右的心得体会。

【实训效果评价】

1.作业设计

题目			学时	5
你阅读的文献	作者	书名	出版单位	出版时间
文献综述				
心得体会 (1000~1500字)				

学院		姓名		学号	
评阅教师		评阅等级		评阅日期	

2.评价样表

评价内容	评价项目	成绩	备注
"读伟人传记"主题读书活动	阅读的经典书籍数量		
	心得体会撰写情况		

3. 评价指标

(1)阅读书籍的数量与质量。

(2)是否做读书笔记。

(3)感知与体悟。

4. 评价方式

教师根据学生所读篇目的数量和心得体会的撰写情况,给出实践教学成绩。分为五个等级:

优秀——阅读经典书籍 5 本以上,心得体会行文流畅,紧扣阅读书籍,能够联系自己的思想、学习、工作等实际情况有感而发。

良好——阅读经典书籍 4 本以上,心得体会行文通顺,能够结合阅读书籍,联系自己的思想、学习、工作等实际情况有感而发。

中等——阅读经典书籍 3 本以上,心得体会行文通顺,能够联系自己的思想、学习、工作等实际情况有感而发。

及格——阅读经典书籍 2 本以上,心得体会行文通顺,能够结合阅读书籍有感而发。

不及格——阅读经典书籍不足 2 本,心得体会行文不通顺,没有紧扣阅读书籍,不能够联系自己的思想、学习、工作等实际情况有感而发。

附:伟人传记书目

(1)中央文献研究室.毛泽东传(1893—1949).北京:中央文献出版社,1996.

(2)中央文献研究室,逄先知,金冲及.毛泽东传(1949—1976)(上、下).北京:中央文献出版社,2003.

(3)[美]罗斯·特里尔.毛泽东传.何宇光,刘加英,译.北京:中国人民大学出版社,2010.

(4)韩素音.周恩来与他的世纪(1898—1998).北京:中央文献出版社,1992.

12.3.2　实训方案二　"踏寻伟人足迹　感受伟人魅力"主题讲评

【实训目的】

通过活动,大学生可充分感受伟人的人格魅力,了解他们高尚的品格、崇高的理想、伟大的精神境界和坚定的共产主义信念。

【实训性质】

校内课堂实践。

【实训学时】

5 学时(学生准备 2 学时,讲评 3 学时)。

【内容体系】

动员—分组—初赛—决赛。

【组织安排】

实践课教学中要提前通知学生讲评活动主题和相关安排。可以与全院实践课教师合作,统一安排各二级学院初赛后,再在全院范围内开展决赛。也可采取班级初赛,二级学院决赛的方式。

【实训要求】

(1)教师做好动员工作。

(2)学生围绕讲评活动主题,自己拟订讲评稿,并请任课教师担任指导教师,对讲评稿进行修改,同时对学生进行讲评指导。要求有规范的讲评稿。

(3)任课教师利用课堂教学时间组织讲评比赛初赛,按每个教学班学生人数的适当比例,遴选优秀选手参加决赛。

(4)提前联系竞赛场地,确保活动的开展不影响学生的正常学习。

(5)教师在实训过程中做好组织和指导工作。

(6)学生和教师共同组成评委,对优秀学生给予物质和精神奖励。

【操作步骤】

(1)每个教学班学生自由报名参加比赛。参赛选手人数应为任课自然班学生人数比例的15%～25%。选手利用课余时间根据主题内容做好赛前准备工作。评委组由 5～10 名学生组成,负责制订评分标准,确定评委人选。

(2)各组利用 5 个学时的时间做好赛前准备工作。

(3)实践课教师任课班级分自然班初赛。

(4)在初赛基础上组织实践课教师任课班级各班复赛。

(5)复赛并颁奖。

【实训效果评价】

1.作业设计

讲评稿题目	
讲评主题简介	列举伟人给你印象最深的二三事,并结合理论与现实得出思考和启示

续表

讲评稿内容 (1500字左右)	

学院		姓名		学号	
评阅教师		评阅等级		评阅日期	

2. 评价样表

评价内容	评价项目	分值/分	成绩/分	备注
"踏寻伟人足迹　感受伟人魅力"主题讲评	讲评稿撰写	30		
	讲评内容	30		
	声音和普通话水平	20		
	情绪	10		
	着装	10		

总分：

3. 评价指标

(1)学生参与度情况。

(2)讲评稿的撰写是否符合要求。

(3)讲评过程中的声音、表情和肢体语言的运用。

4. 评价方式

"踏寻伟人足迹　感受伟人魅力"主题讲评活动,设置一等奖1名、二等奖2名、三等奖3名、优秀奖若干名,并颁发荣誉证书和奖品。

12.3.3　实训方案三　毛泽东诗词朗诵会

【实训目的】

毛泽东诗词是中国革命壮丽的史诗,是现实主义和浪漫主义相结合的典范。他的诗词中所体现出来的世纪风云和革命风范,成为中华民族极为宝贵的精神财富。通过举办毛泽东诗词朗诵会,学生可切身地感受伟人的人格魅力,给青年学生以深刻的人生启迪。

【实训性质】

校内课堂实践。

【实训学时】

5学时(学生准备2学时,朗诵3学时)。

【内容体系】

活动前期动员—准备—活动开展—活动总结。

【组织安排】

主题实践活动采取毛泽东诗词朗诵会的形式进行,全体学生参与。教师要充分重视活动前的动员、组织和指导工作,活动后做好总结工作。

【实训要求】

(1)活动前做好组织与动员工作。

(2)学生根据一定标准分组,选择诗词。

(3)要求每个组的成员都要参与。

(4)每个活动选择1~2名主持人。活动中预设3~5名工作人员。

(5)随机组建评定小组对活动进行分组定量考评。

【操作步骤】

(1)学生分组,一般5~8人为一组,自由组合,分工合作。

(2)每组选定一篇准备朗诵的毛泽东诗词,阅读相关背景资料,准确理解诗词内涵。

(3)各小组可以采用独诵、对诵、集体朗诵等多种形式,可以制作幻灯片,设置背景画面、背景音乐,也可以配置相关道具。

(4)以大班为单位,在多媒体教室举行。以小组为单位,顺序朗诵。

(5)任课教师评选朗诵优秀小组。

【实训效果评价】

1.作业设计

实践主题		学时	5

诗词朗诵会图片粘贴处

学院		姓名		学号	
评阅教师		评阅等级		评阅日期	

2.评价样表

评价内容	评价项目	分值/分	成绩/分	备注
毛泽东诗词朗诵会	内容	30		
	形式创新	20		
	声音(整齐)	15		
	情绪	15		
	着装	10		
	准备(是否认真准备)	10		
总分:				

3.评价指标

(1)发音:发音准确,吐字清晰,不读错字,不添字,不漏字,不改字。

(2)语调:语调自然、流畅,不能停顿、忘词。

(3)感情:感情丰富,情绪饱满。

(4)语速:语速快慢得当,能够传达出作品意境。

(5)仪态:仪态自然、大方。

4.评价方式

教师结合学生自我评价,按优秀、良好、中等、及格、不及格五个等级做出评价。

《梁家河》

实训项目 13 我身边的历史变迁

> 把历史变为我们自己的,我们遂从历史进入永恒。
>
> ——雅斯贝尔斯

13.1 案例导入

改革开放四十年 看中国辉煌巨变

【案例呈现】

1978 年党的十一届三中全会作出了中国改革开放的重大决策,改革开放四十年来,中国共产党坚持社会主义初级阶段的基本路线不动摇,根据世情、国情、党情的新情况、新变化,对经济基础和上层建筑进行完善和调整,走出了一条中国特色社会主义现代化道路。2018 年 4 月 10 日,国家主席习近平出席博鳌亚洲论坛 2018 年年会开幕式时指出,改革开放这场中国的第二次革命,不仅深刻改变了中国,也深刻影响了世界!中华民族再次谱写了文明发展史上的壮丽史诗,在推动中国发展同时,推动了世界历史的发展进步。改革开放是当代中国发展进步的活力之源,是党和人民事业大踏步赶上时代前进步伐的重要法宝,是坚持和发展中国特色社会主义的必由之路。回顾风雨兼程四十年改革开放所取得的重大成就,激励我们要继续推进改革开放向纵深方向发展,使改革开放的伟大决策在新时代的中国为中华民族的伟大复兴持续发力。

经济实现了跨越式发展

在改革开放的四十年中,中国所创造的经济奇迹令中国人民信心满满,更让世界改变了对中国的看法和态度。从数量规模上看,1978 年改革开放伊始,中国的经济规模仅有 3679 亿元人民币;而到 2017 年,中国国内生产总值(名义)已经高达 82.71 万亿元人民币(相当于 12.2 万亿美元),已经成为世界第二大经济体,中国经济总量占世界经济的比重由 1978 年的 1.8% 上升到 2017 年的 16%,仅次于美国。从经济增速角度看,1978—2017 年,中国国内生产总值(GDP)的年均名义增速高达 14.5%(刨除年均 4.8% 通胀率,年均实际增速仍高达 9.3%)。从经济结构的角度看,中国工业化进程加快,第一产业、第二产业、第三产业的结构日趋合理化,第三产业逐渐占据主导地位。2017 年,中国三产结构的比例分别为 7.9%、40.5% 和 51.6%。第三产业的发展增幅已经超过第一、第二产业,成为拉动中国经济增长的主要力量。目前,中国对世界经济增长贡献率超过 30%,今天中国已经成为世界第二大经济体、第一大工业国、第一大货物贸易国、第一大外汇储备国,世界经济增长的主要稳定器和动力源,书写了人类史上最为成功的脱贫故事。

人民生活水平极大提升

从经济增长的角度看,中国创造了近 40 年的经济增大奇迹。然而,经济发展并不仅仅包括经济增长的指标,还需要从社会福利的角度看中国的经济发展问题。从人均 GDP 水平的角度看,1978 年中国人均国内生产总值为 381 元人民币,仅为同期印度人均国内生产总值的三分之二,是当时世界上典型的低收入国家;而 2017 年,中国人均国内生产总值已经高达 59660 元人民币(近 8800 美元),已经跻身中等偏上收入国家行列。显然,经济增长的背后还包括了中国经济的显著发展。改革开放 40 年来,中国前后共计有 7 亿多人脱贫。从社会生活水平的角度看,中国经济的快速增长使得中国在能源、交通运输、邮电通信、科教文卫等基础产业、基础设施建设等领域取得诸多辉煌成就。

科学技术水平日益接近世界发达国家

1978 年,党中央召开全国科学大会,邓小平同志在大会上作出"科学技术是第一生产力"的重要论断。改革开放四十年来,科技正以前所未有的力量推动着经济和社会的向前发展。

当今世界,以"互联网＋"、大数据、人工智能、3D 打印技术等为代表的新科技、新能源和新业态正在逐渐成长,世界各国在科技创新方面都在竞相加速。在新的历史时期,我们不断深入贯彻新发展理念,深入实施科教兴国战略和人才强国战略,深入实施创新驱动发展战略,统筹谋划,加强组织,优化我国科技事业发展总体布局。我国的基础科学研究已经与世界前沿的水平接近或持平,有的甚至领先。在材料学、计算机、通信、制造业等方面,已经领先于世界水平。我国自行制造的航母、无人机、隐形战机等,使中国成为世界上再也不能被忽视的发展中国家。

文化事业繁荣发展,社会和谐稳定

改革开放四十年来,中国传统文化、革命文化和社会主义先进文化都得到了极大繁荣和发展,人民精神生活日益丰富和充实,国家软实力得到极大提升,中国的声音逐渐在世界舞台上绽放光彩。同时,国家不断加大对教育、医疗的投入,义务教育全面普及,新的医疗政策开始实施,新农村建设、精准扶贫等则彻底改变了农村落后的面貌。四十年来,我国在教育、医疗、新农村建设、和谐社会建设等方面所取得的巨大成就数不胜数,实现了改革开放的成果由人民共享,人民的幸福指数在不断攀升。

中国特色社会主义是在改革开放四十年的伟大实践中得来并不断发展的。改革开放是中国共产党在团结带领全国各族人民探索建设社会主义的进程中找到的适合社会主义中国发展的道路选择,是中国共产党领导全国人民的伟大历史性创造。习近平总书记指出,今天,中国人民完全可以自豪地说,改革开放这场中国的第二次革命,不仅深刻改变了中国,也深刻影响了世界!习近平总书记还强调指出,改革开放是我们党的历史上一次伟大觉醒,正是这个伟大觉醒孕育了新时期从理论到实践的伟大创造。

——洪向华,杨润聪,宣讲家网,已改编

【案例评析】

40 年前,邓小平同志在深刻分析我国国情和社会主义建设经验教训,特别是党的十一届三中全会以来拨乱反正的宝贵经验的基础上,以无产阶级革命家的远见卓识和政治勇气,果断地提出,中国必须进行改革,实行对外开放,并为我国改革开放和社会主义现代化建设绘制了一幅宏伟蓝图。

多年过后,在邓小平理论所设计的蓝图的指引下,在习近平新时代新思想的指导下,我国社会面貌出现了前所未有的巨大变化。这变化凝成一串串让人欣喜、令人自豪的统计数字,这变化更融化为人们脸上欣悦的笑容。人人都能感到,我国综合国力逐步增强,物质文明走向丰富,人民生活水平明显提高,我国的经济实力、科技实力、国防实力和国际地位都上了一个大台阶。今天!我国改革开放进程逐步深入,现代化建设事业蓬勃发展。

【案例思考】

(1)结合案例,谈谈改革开放 40 年以来中国发生了怎样可喜的变化。

(2)根据国家统计局的统计数据,我国已成为世界上发展最快的国家之一。请问,中国为什么能够取得这样的发展成就?

13.2 实训目标和意义

13.2.1 理论教学目标

新中国成立以来,特别是十一届三中全会以来,党领导全国各族人民逐步探索出一条有中国特色的社会主义道路。实践已经表明,改革开放,走中国特色的社会主义道路,是历史和人民的必然选择。对中国社会主义现代化建设成就的认知,可使学生坚定对中国特色社会主义道路、理论和制度的自信,坚定不移地沿着中国特色社会主义道路前进。

13.2.2 重点·难点·热点

重点:坚定对中国特色社会主义的道路自信、理论自信和制度自信的信念,坚定不移地沿着中国特色社会主义道路前进。

难点:理论联系实际,教会学生用所学理论分析相关社会热点问题。

热点:改革进入攻坚阶段,要正视存在的困难和问题。

13.2.3 理论联系实际

实训项目主要结合《中国近现代史纲要》第十章和《毛泽东思想和中国特色社会主义理论体系概论》第五、六、七、八章的具体内容。

13.2.4 实训教学目标

通过实训,学生认识中国改革开放以来取得的巨大成就,加强对将马克思主义基本原理与中国具体实际相结合的重要意义的认识。明确中国共产党的领导是成功的基础。坚定对中国特色社会主义的道路自信、理论自信、制度自信的信念,坚定不移地沿着中国特色社会主义道路前进。

13.3 实训形式和操作

实训形式:参观著名的历史遗迹、纪念馆、博物馆,资料搜集与分享,"沧桑巨变"主题摄影活动,社会调查,参观厂矿机关。

13.3.1　实训方案一　"走进凉山彝族奴隶社会博物馆　走近凉山社会历史变迁"主题参观活动

【实训目的】

通过参观凉山彝族奴隶社会博物馆,学生可生动感受凉山"一步跨千年"的巨大历史变迁,切实体会共产党领导、社会主义制度是历史和全国各族人民的共同选择,从而坚定社会主义信念。

【实训性质】

校外社会实践＋校内课堂实践。

【实训学时】

6 学时。

【内容体系】

凉山彝族奴隶社会博物馆情况介绍(参观目的、意义、注意事项)—组建参观小分队—实地参观—撰写参观心得体会—参观总结。

【组织安排】

组织学生做好参观前的理论储备工作,做好校外参观学生的安全教育,强调参观纪律并安排班委协助完成主题活动的组织。将凉山彝族奴隶社会博物馆参观成果与课堂交流总结有机结合。

【实训要求】

(1)参观凉山彝族奴隶社会博物馆前任课教师做好动员和组织工作。

(2)活动以各二级学院为单位统一组织,各自然班推荐学生人数的 15％～20％参加。

(3)参加主题活动的学生以自然班为单位随机组成参观实践小分队。

(4)学生干部辅助进行纪律和安全管理。

(5)提前联系凉山彝族奴隶社会博物馆的接待讲解和接送学生的车辆。

(6)任课教师全程参与指导主题参观活动和后期交流总结工作。

【操作步骤】

(1)采取主题讲座的形式邀请专家进行"一步跨千年"主题汇报或观看反映凉山彝族奴隶制形态的影视资料,作为主题参观活动的前期准备。

(2)各班推荐参加主题参观活动的学生名单。

(3)实地参观的学生随机组成参观实践小分队。

(4)参观实践小分队做好参观前的准备工作(提前准备参观记录用的工具)。

(5)协调理论课时间,尽量不影响学生正常学习。

(6)实地参观。

(7)返校后各小分队整理参观记录,以班级为单位开展主题交流、总结活动。

【实训效果评价】

"作业设计""评价样表""评价指标""评价方式"参考 8.3.4。

13.3.2　实训方案二　红色旅游资源搜集、讲解比赛

【实训目的】

本实训充分利用凉山地区性的优秀红色旅游资源对学生进行革命传统教育和社会主义信念教育,培养学生资料搜集、整理能力和语言表达能力。

【实训性质】

校内课堂实践。

【实训学时】

5 学时(学生准备 2 学时,讲解比赛 3 学时)。

【内容体系】

动员—分组—预赛—决赛。

【组织安排】

学生要提前对本地红色旅游资源进行搜集。可以与全院实践课教师合作,统一安排各二级学院初赛后,再在全院范围内展开决赛。也可采取班级初赛,二级学院决赛的方式。

【实训要求】

(1)提前安排布置。

(2)注意充分调动学生的主动性,尊重学生的创造性。

(3)注意与学生会、团委密切配合。

【操作步骤】

(1)提前一个月通知学生,阐明比赛要求、评奖办法等,动员学生以寝室为单位组建参赛团队,搜集相关资料。

(2)任课教师与二级学院领导、团学会等学生组织取得联系,争取取得比赛所需场所、设备等的支持,争取取得二级学院奖品、奖状。

(3)各班先以寝室为单位组队,各寝室选派参赛队员。各寝室将所搜集的资料制作为课件,并选派出讲解员,先进行班内比赛,挑选 3 名优胜者参加二级学院院级比赛。评选办法:由学生当评委自主评选。

(4)各班优胜者代表本班参加二级学院院级比赛。评选办法:由二级学院领导、班主任、辅导员、思政课教师等担任评委进行评选。

【**实训效果评价**】

1. 作业设计

讲解题目		学时	5
所搜集的 红色旅游资源简介			
讲解稿主要内容 (1000~1500 字)			

讲解时间		讲解地点		讲解成绩	
小组讲解		组长签字			
班级讲解		任课教师签字			
学院		姓名		学号	
评阅教师		评阅等级		评阅日期	

2. 评价样表

评价内容	评价项目	分值/分	成绩/分	备注
红色旅游资源搜集、讲解 比赛	讲解稿撰写	30		
	讲解内容	30		
	声音和普通话水平	20		
	情绪	10		
	着装	10		

总分:

3. 评价指标

(1)学生参与度情况。

(2)讲解稿的撰写是否符合要求。

(3)讲解过程中的声音、表情和肢体语言的运用。

4.评价方式

红色旅游资源搜集、讲解比赛,设置一等奖 1 名、二等奖 2 名、三等奖 3 名、优秀奖若干名,并颁发荣誉证书,以小组为单位,根据评价指标结合学生自评,计入学生实践成绩。

13.3.3　实训方案三　"沧桑巨变"主题摄影活动

【实训目的】

通过"沧桑巨变"随手拍的活动,学生形象感知新中国成立以来,特别是十一届三中全会以来,党领导全国各族人民通过改革开放,走中国特色社会主义道路而取得的巨大成就,从而坚定对中国特色社会主义的道路自信、理论自信和制度自信。

【实训性质】

校外社会实践＋校内课堂实践。

【实训学时】

10 学时。

【内容体系】

图片搜集—制作 PPT—演示汇报。

【组织安排】

本次主题活动应重视前期摄影活动等资料的搜集整理、中期 PPT 的制作,以及后期的演示汇报和分享交流。

【实训要求】

(1)在拍摄过程中,注意遵守国家保密法规要求,不侵犯他人肖像权。

(2)学生应分组进行,可以自由组合,但要分工合作。

(3)各小组最后应以 PPT 为载体,进行汇总交流。

【操作步骤】

(1)学生按 5～8 人/组进行分组,可自由组合,分工合作,选出组长,负责督促和协助教师考评。

(2)利用手机或者相机拍摄新中国成立以来,特别是改革开放以来,发生在我们身边的沧桑巨变。

(3)以小组为单位,汇总相片,制作 PPT,并附解说词。

(4)以大班为单位,集中展示调查情况。各组安排解说员演示汇报。

【实训效果评价】

1.作业设计

制作"沧桑巨变"主题摄影活动 PPT。

2.评价样表

评价内容	评价项目	成绩	备注
"沧桑巨变"主题摄影活动	PPT 制作水平		
	演示汇报		

3.评价指标

(1)学生参与度情况。

(2)摄影图片的代表性和有效性。

(3)PPT 制作水平。

(4)小组演示汇报情况。

4.评价方式

在实训"沧桑巨变"主题摄影活动中,教师要结合学生 PPT 制作水平和小组演示汇报情况,按优秀、良好、中等、及格、不及格五个等级做出评价,结合学生自评,计入实践成绩。

13.3.4　实训方案四　"凉山精准扶贫成就"调查

【实训目的】

本次实训旨在结合大凉山精准扶贫,了解学校所在的凉山州的精准扶贫的成就,形成关于本地精准扶贫成就的调查报告。

【实训性质】

校内课外实践+校内课堂实践。

【实训学时】

12 学时。

【内容体系】

了解精准扶贫相关背景—在凉山州内进行实地调查、走访—形成调查报告。

【组织安排】

本次主题调查活动应重视前期相关历史背景的学习,中期的走访、调查、统计,以及后期撰写报告。应组织学生提前学习社会调查学的一些基本理论和方法,然后几个同学组成一个小组,结合实际,进行调查。最后以小组为单位提交一份调查报告。

【实训要求】

(1)各教学班学生分为若干调查小组(每组以 10 人左右为宜),组长负责小组调查活动的组织督促,同时协助教师进行调研管理和成绩评定工作。

(2)调查要遵循以下原则:第一,理论联系实际;第二,要符合社会调查的一般原理和方法。

(3)以实际红色历史遗迹为依据,最终以报告的形式来体现。

【操作步骤】

(1)明确调查主题和内容,围绕"凉山州精准扶贫的成就"展开,内容包括精准扶贫对象、国家地方精准扶贫政策、精准扶贫方式、精准扶贫的效果。

(2)以小组为单位,选取 2 位学生负责人,带领学生深入贫困村、贫困户进行调查。

(3)回校后以小组为单位,撰写报告,字数在 1000～1500,题目自拟。

【实训效果评价】

1.作业设计

"凉山精准扶贫成就"主题调查报告。

2.评价样表

评价内容	评价项目	成绩	备注
"凉山精准扶贫成就"调查	调研计划合理,有针对性		
	调查过程科学、有序		
	调查资料的有效性和资料处理		
	报告撰写格式、质量		

3.评价指标

这一实训主题的评价主要参照以下几项指标:

(1)学生参与度情况。

(2)报告文撰写的质量。

(3)小组交流与活动成果分享情况。

4.评价方式

任课教师对学生上课发言的踊跃程度、报告的写作水平,给出实践教学环节成绩,分为五个等级:

优秀——课堂积极发言,踊跃提出问题;问卷调查认真仔细,调研报告写作论点突出,论据充分,论证结构非常合理,调研报告条理清晰,文笔流畅,能够精辟表达出自己的见解。

良好——课堂发言比较踊跃,比较认真地进行实地调查;调研报告写作论点较为突出,论据较为充分,论证结构较为清晰,在调研报告中能够明确表达出自己的见解。

中等——课堂上有过发言,但为数不多,能够参与调查,调研报告写作具有一定的条理性,文笔尚可。

及格——课堂很少发言,对大家的讨论不够关注,对实地调查参与度不高,调研报告写作条理性较差,文笔不畅。

不及格——课堂几乎没有发言,不参与调查,对调研报告写作敷衍了事,甚至没有形成调研报告。

《中国近代史纲要》课后习题

实训项目 14　理论的基础　行动的指南

　　理论是思考的根本，也就是说，是实践的精髓。

——波尔茨曼

14.1　案例导入

百年历程悟道理

【案例呈现】

　　从《共产党宣言》发表、科学社会主义理论诞生至今，已有 160 多年。社会主义经历了从空想到科学、从理论到实践、从运动到制度、从一国实践到多国实践、从革命到建设、在革命中发展完善和经历严重曲折等一系列复杂事件的过程，既有凯歌前进的辉煌，又有令人痛心的曲折。社会主义发展的历史进程大体上经历了 4 次历史性飞跃：

　　第一次，社会主义从空想到科学的发展，科学社会主义创立、发展、传播并成为欧美工人运动的指导思想。

　　第二次，社会主义从理论变为现实，并指导建立了一种崭新的社会制度。十月革命的胜利，是无产阶级摧毁旧世界建设新世界的创举，开辟了人类历史的新纪元。

　　第三次，社会主义从一国实践发展为多国实践，世界社会主义形成了体系，走上社会主义道路的国家不断取得历史性的发展和巨大成就。

　　第四次，社会主义在改革开放中高速发展，在总结遭受严重曲折的经验教训的基础上，逐步走向完善、成熟，正在重新奋起。新生的社会主义国家的发展不会一帆风顺，在如何建设和巩固社会主义的问题上还需要在实践中进一步探索。传统的社会主义模式在胜利前进过程中暴露出了许多弊端和不足，各个社会主义国家都在改革开放中探索适合本国国情的前进道路。

　　回首社会主义百年发展历程，可以也应该从中悟出一些道理来，主要是：

　　20 世纪的社会主义都是在原来经济文化比较落后的国家基础上建立起来的，因而都不会是完美的、理想的。但它打破了资本主义的一统天下，形成了"一球两制"局面，开辟了人类历史的新纪元。一种崭新的社会主义制度的存在与发展，就表明资本主义制度不是永恒的，就证实了马克思主义揭示的人类社会发展客观规律的科学性。

　　社会主义国家的诞生是历史发展的必然。阶级斗争是客观存在的，革命不是也不能人为地制造出来。革命是历史的火车头，是实现社会形态质的飞跃的必要手段；用革命的旋风推动历史前进，比起"平静"发展时期要迅速有效千万倍。绝不能够否定、诋毁、告别革命，不能把革命说成"反常越轨""丧失理智""社会病态""造成灾难"，不能认为俄国十月革命和中国人民革命"搞早了""搞糟了"。

原来经济文化落后的国家走上社会主义道路,它们基础薄弱、起点低,没有现成的经验可供借鉴,却要面对实力强大的资本主义的包围,其发展过程必然会是"开头容易,继续困难"(列宁语),具有长期性、艰巨性、曲折性的特点。

发达资本主义国家在 20 世纪内没有能实现革命的突破,当代资本主义在生产力、科学技术方面还有新的较大的发展。这是不是说马克思主义揭示的社会主义必然代替资本主义的基本原理不能成立了呢?当然不是。当今世界,资本主义制度所固有的基本矛盾依然存在,旧的国际政治经济秩序继续存在,资本主义的本质并没有改变,总有一天会因为矛盾的积累日益严重而达到顶点,从某个薄弱环节实现突破。社会主义信念一直活在被压迫者的痛苦的意识中,活在他们的反抗斗争中。

20 世纪社会主义的发展历程表明,它和任何事物一样,都有自己的兴衰得失,有高潮也有低潮,这是合乎逻辑的,是由多种复杂因素决定的。重要的是要把握社会主义在曲折中前进的规律,坚信旋涡和逆流总阻挡不住大江东流,不管发生什么样的曲折,都改变不了人类历史发展的大趋势。

——张云阁,李德芳,《高校思想政治理论课教学案例研究》,

中国社会科学出版社,2012,已改编

【案例评析】

本案例向世人证明了,社会主义最终取得胜利。这是历史发展的必然规律,但绝不是指直线地走向辉煌顶点的路径,而是高潮与低潮相交错,前进与后退相更替,成功与失败相交织。

要充分考虑经济文化落后的国家走上社会主义道路的具体国情,它们的基础薄弱、起点较低、经验缺乏,面对资本主义的强大包围圈,其前进道路的艰难可想而知。所以,没有长期性的心理准备,没有艰苦的不懈奋斗,没有面对曲折的得力举措,是无法完成社会主义的历史大任的。

要对社会主义历史命运和科学社会主义发展的历史进程做出符合实际的阐述,就必须把它们放到时代发展的大背景下进行考虑。

跨越
"卡夫丁峡谷"

本案例向我们揭示了尽管社会主义总体上依然处于低潮,但绝不能否认社会主义在曲折中进入了新的发展阶段。中国特色社会主义的成就与苏联模式的衰败,是社会主义运动值得认真对待的正反两方面。只有认真总结正反两方面的经验教训,才能认清社会主义的历史必然性。

在纪念马克思
诞辰 200 周年
大会上的讲话

【案例思考】

(1)社会主义理论诞生至今,经历风雨已逾 160 多年,有兴衰也有得失,有高潮也有低潮,你如何看待社会主义的前途?

(2)社会主义运动是人类的进步事业,社会主义社会是人类的高级阶段。正因为如此,绝不可能一蹴而就。如何理解案例中所说的社会主义的长期性、艰巨性、曲折性的特点?

14.2　实训目标和意义

14.2.1　理论教学目标

理想与信念是人的思想和行为的定向器,对人生历程起着重要的导向作用;科学的理想与信念,可以使大学生方向明确、精神振奋,不论前进的道路如何曲折,人生的境遇如何复杂,都会满怀希望,永不迷失前进的方向。而模糊的、错误的理想与信念,必将使大学生误入歧途。本实训要求学生运用马克思主义的基本原理和方法来分析和解决社会热点问题,确立马克思主义的科学信仰,坚定建设中国特色社会主义的政治信念。

14.2.2　重点·难点·热点

重点:确立马克思主义的科学信仰,坚定建设中国特色社会主义的政治信念。

难点:用马克思主义的基本原理和方法来分析和解决社会热点问题。

热点:理想与信念的缺失问题。

14.2.3　理论联系实际

实训项目主要结合《马克思主义基本原理》相关内容开展。

14.2.4　实训教学目标

通过实训,大学生可提高马克思主义理论水平及应用其分析问题和解决问题的能力,坚定建设中国特色社会主义的政治信念。同时,通过系列主题活动,大学生可提高综合人文素养。

14.3　实训形式和操作

实训形式:马克思主义经典作品读书会、主题辩论赛、思政论坛、专题调查、专家讲座、小组讨论。

14.3.1　实训方案一　"大学生马列经典阅读现状"调查活动

【实训目的】

本实训通过调查活动,了解当代大学生马列经典的阅读状况,激发大学生阅读经典的兴趣,从而提高大学生的马克思主义理论水平,增强对马克思主义的科学信仰,坚定建设中国特色社会主义的政治信念。

【实训性质】

校内课外实践＋校内课堂实践。

【实训学时】

10 学时。

【内容体系】

设计问卷—发放问卷—分析问卷—撰写小论文。

【组织安排】

本次主题调查活动应重视前期调查问卷的设计,中期有效问卷的回收、统计和分析,以及后期小论文的撰写。应组织学生提前学习社会调查学的一些基本理论和方法,然后以小组为单位,结合身边的实际热点问题设计调查问卷。最后以小组为单位提交一份调查报告。

【实训要求】

(1)各教学班学生分为若干调查小组(每组以 10 人左右为宜),组长负责小组调查活动的组织与督促,同时协助教师进行调研管理和成绩评定工作。

(2)调查要遵循以下原则:第一,理论联系实际;第二,结合身边热点;第三,符合社会调查的一般原理和方法。

(3)以调查问卷的制作、回收及分析为依据,最终以小论文的形式来体现。

【操作步骤】

(1)设计一份以选择题为主的调查问卷,可以课上讨论,征询学生意见,汇总一份有关"大学生马列经典阅读现状"的调查问卷。

(2)以班级为单位,选取几位学生负责人,带领学生利用课余时间,在图书馆、食堂内发放调查问卷,要注意有效问卷的回收。

(3)根据问卷情况,汇总并公布学生负责人统计后的结果,每位学生据此结果撰写一篇论文,字数为 800~1000 字,题目自拟。

【实训效果评价】

1. 作业设计

提交一份"大学生马列经典阅读现状"调研计划,一份调研样表;完成一篇"大学生马列经典阅读现状"调研小论文。

2. 评价样表

评价内容	评价项目	成绩	备注
"大学生马列经典阅读现状" 调查活动	调查问卷的设计和分析是否科学、合理		
	小论文的撰写质量如何		

3. 评价指标

(1)学生参与度情况。

(2)调查问卷的有效性。

(3)小论文撰写的质量。

(4)小组交流与活动成果分享情况。

4. 评价方式

任课教师对学生上课发言的踊跃程度、发放问卷的参与情况以及论文的写作水平,给出实践教学环节成绩,分为五个等级,计入实践成绩:

优秀——能够认真协助学生负责人发放问卷;论文论点突出,论据充分,论证结构非常合理,在论文中能够精辟体现出自己的见解与对马列经典的理解。

良好——比较认真地协助学生负责人发放问卷;论文论点较为突出,论据较为充分,论证结构较为清晰,在论文中能够明确体现出自己的见解与对马列经典的理解。

中等——能够参与问卷的发放,论文写作较为平庸。

及格——对问卷发放不够热心,论文写作非常平庸。

不及格——不参与调查问卷的发放,对论文写作敷衍了事,甚至没有形成论文。

14.3.2 实训方案二 "品读经典"主题读书活动

【实训目的】

本实训让学生充分认识和感受马列主义、毛泽东思想和中国特色社会主义理论体系是一脉相承的,进而帮助学生树立建设中国特色社会主义的信念、信心和决心。同时提高大学生的马克思主义理论水平及应用其分析问题、解决问题的能力。

【实训性质】

校内课外实践。

【实训学时】

5 学时。

【内容体系】

搜集经典—阅读经典—撰写心得体会。

【组织安排】

组织学生做好阅读前的书籍搜集准备工作,强调阅读过程中读书笔记的重要性,读后要撰写心得体会。将读后感与课堂交流总结有机结合。

【实训要求】

(1)教师在主题活动前应加以科学引导。

(2)要注意阅读材料的典型性和代表性。

(3)读书活动之后应及时撰写心得体会,巩固阅读成果。

【操作步骤】

(1)教师向学生推荐一些阅读篇章(附目录),并利用课堂上的相关内容加以引导。

(2)学生在广泛阅读的基础上,选择1~2篇重点研读,并写出 1500 字左右的心得体会。

【实训效果评价】

"作业设计""评价样表""评价指标""评价方式"参考 12.3.1。

附:马列经典阅读书目

(1)中共中央马克思恩格斯列宁斯大林著作编译局.马克思恩格斯文集(1~10 卷).北京:人民出版社,2009.

(2)中共中央马克思恩格斯列宁斯大林著作编译局.列宁专题文集(全五卷).北京:人民出版社,2009.

(3)毛泽东.毛泽东选集(1～4 卷).北京:人民出版社,1991.

(4)邓小平.邓小平文选(1～3 卷).北京:人民出版社,1993.

(5)江泽民.江泽民文选(1～3 卷).北京:人民出版社,2006.

(6)中共中央文献研究室.十六大以来重要文献选编(上、中、下).北京:中央文献出版社,2005.

(7)中共中央文献研究室第五编研部.科学发展观与十六大以来的理论创新.北京:中央文献出版社,2012.

14.3.3　实训方案三　"品读经典"主题演讲比赛

【实训目的】

通过"品读经典"主题演讲比赛,大学生可提高马克思主义理论水平及分析问题、解决问题的能力,坚定建设中国特色社会主义的政治信念。

【实训性质】

校内课堂实践。

【实训学时】

5 学时(学生准备 2 学时,演讲比赛 3 学时)。

【内容体系】

动员—分组—预赛—决赛。

【组织安排】

实践课教学中要提前通知学生演讲比赛的主题和相关安排。可以与全院实践课教师合作,统一安排各二级学院初赛后,再在全院范围内展开决赛。也可采取班级初赛,二级学院决赛的方式。

【实训要求】

(1)撰写演讲稿。演讲稿的撰写要遵循以下原则:第一,主题明确,要紧扣"品读经典"这一主题;第二,行文流畅,符合演讲稿的格式要求和规范;第三,具有感染力,力求做到晓之以理,动之以情。

(2)演讲预赛。将全班按 5～8 人/组进行分组,每个学生都要参加小组预赛,比赛中演讲者要注意声音、表情和肢体语言的应用。

(3)演讲决赛。安排各组在预赛阶段中的优胜者参加决赛。

演讲以班级分享的形式,先在小组内参加预赛,优胜者再参加决赛。教师全程参与学生实训活动。

【操作步骤】

(1)以班级为单位,比赛有预赛和决赛两个阶段。预赛阶段鼓励学生全部参加,然后从中选出 20 名学生参加决赛。

（2）邀请几位教师当评委,决赛阶段可以采取当场给分的方式。

（3）时间限制:4～5分钟/位。

（4）具体流程:①主持人上场,宣布比赛开始,介绍出席嘉宾,宣布要求及评分细则;②比赛开始,选手按顺序演讲;③主持人宣布得分;④评委点评;⑤主持人宣布晋级选手名单或获奖选手名单,由评委颁奖。

（5）演讲作品要求:体裁不限、主题鲜明、观点新颖、文字简洁,具有较强的创新性和时代性,有一定的理论高度,能反映当代大学生的理想。

（6）必须脱稿演讲,要求语言流畅,演讲技巧娴熟,具有较强的感染力。选手可以根据自己的需要在演讲过程中播放背景音乐。

【实训效果评价】

"作业设计""评价样表""评价指标""评价方式"参考2.3.1。

从一大到十八大

实训项目 15　千年传承　传统智慧

人类的智慧就是快乐的源泉。

——薄伽丘

15.1　案例导入

15.1.1　中国古代四大传统智慧

【案例呈现】

大道至简

大道理是极其简单的,简单到一两句就能说明白。世界上的事情难在简单,简单不是敷衍了事,也不是单纯幼稚,而是最高级别的智慧,是成熟睿智的表现。完美的常常是简单的。简单就是真理,简单就是聪明,简单就是厚积薄发的力量。学会了简单,其实真不简单。

做事情复杂烦琐往往是因为智慧不够。再大的事情,"一分为二"就很简单了;再难的事情从简单入手,循序渐进就能做成。因此,复杂的事情要重复去做,重复做的事情要用心去做,长期坚持下去,这样世界上就没有做不成的事情。大道至简,悟在天成。

大智若愚

常言道:聪明反被聪明误。这指的是耍小聪明。学习郑板桥"难得糊涂",这才是大智慧。"愚"是表面糊涂,心里明白;小事糊涂,大事精明。老子曰:"知人者智,自知之明;胜人者力,自胜者强。"大智者遇事心态平和,沉着冷静,胸有丘壑,无为而治,韬光养晦,胸藏百万雄兵,做到兵来将挡,水来土掩。行事中深谙变化之道,而非处处锋芒毕露,逞一时一己之强;不去时时斤斤计较,不谋蝇头小利之得。

三国时杨修聪明过人,可惜用错了时间、地点、对象,终落得可悲下场,反误了卿卿性命。智者与人沟通注重倾听,尊重他人,有礼有节。多听少说,既有涵养,又没人当你是哑巴。话不投机,逞一时之痛快,滋生祸端。天外有天,山外有山,强中更有强中手。知己知彼,方能克敌制胜。聪明过分,人人害怕;精明过度,便是愚蠢。把握人生尺度,恪守"中庸之道",小心物极必反。

有容乃大

海纳百川,永不干涸。肚大能容天下难容之事,鸡肠小肚永远难容事容人;坐井观天,永远是孤陋寡闻。空杯能容至真至纯之美酒,白纸能画最好的图画。量小非君子,妒忌生祸心。原谅有错之人,就可成为朋友;心中常想着朋友,便可成为手足、知己。做人大度,方能大气;胸怀博大,可容世界。

"将军额上能跑马,宰相肚里能撑船。"蔺相如位尊人上,廉颇不服,屡次挑衅,相如仍以

142

国家利益为上,以社稷为重,处处忍让而终使廉颇负荆请罪,这就是度量大。为人处世的智慧之一就是宽容他人。宽容他人方能建立起良好的人际关系,宽容他人的过错,就会赢得朋友,赢得别人的佩服与尊敬。

上善若水

此乃做人的至高境界。"水利万物而不争"。最高的善行就像水的品性一样,泽被万物而不争名利。水是生命之源,是大自然赐给人类的宝贵财富。水是勤劳的,大自然的水总是在固态、液态、气态之间转换,反复循环,无穷无尽。水对人公平,从不偷懒;只讲奉献,不图回报。做人也应像水一样,与人为善,抛弃恶行,多行善事,不图功利,长久坚持。正所谓"善欲人见不是真善,恶恐人知便是大恶"。远离邪恶之源,便是光明之路。勤奋之根本,万物泽被而永生。

——《益寿文摘(合订本)》,2014-01

【案例评析】

"尊天之道、顺天之行"总摄中华传统文化的精神,体现在尊天地、敬神明、中人和的中华礼仪精神与道德秩序。所谓天道,就是宇宙法则或宇宙精神,体现在人的本性"善"、理性"真"与宽容大度,这些都是我们中华民族的文化精神。

【案例思考】

传统文化给我们以什么样的启示?

15.1.2　中国传统文化的遗失清单上我们丢掉了什么

【案例呈现】

1900 年 2 月 10 日,梁启超写下了激扬一代中国人的巨作《少年中国说》,"少年强则国强,少年富则国富。"而今天梁启超曾寄望的少年具有的希望、进取、日新、破格、好行乐、盛气、豪壮、造世界、"常思将来""常觉一切事无不可为"的气质都在这一代身上依稀地看见。可是,代价是他们身上的中国传统价值观日趋稀薄,他们身上的特质与个体不复存在,中国味淡不可闻。到哪里才能找回我们丢失的传统?怎么样才能写出一篇《新少年中国》,而不仅仅是《少年全球化》?

忠孝仁义　信礼智勇

何为忠孝仁义?何为信礼智勇?现在只有在大街看路牌才能见到它们了。"君君臣臣父父子子"之道要维护的那个秩序不再回来,也切断了我们与"忠孝仁义"的关联。"信礼智勇"好歹还是一个各社会通用的生存哲学和基本要求,但他们嫁接了西方的价值理念,在儒家的词语外壳下,内涵不再。古人曾把道德修养视为人生的终极追求,不过,在全球化的今天,个人奋斗、快乐、自由通通比道德来得重要,现在的孩子还有很多别的事要忙。

任侠之气

何为任侠?是"道之所在,虽千万人吾往矣;义之所当,千金散尽不后悔;情之所钟,世俗礼法如粪土;兴之所在,与君痛饮三百杯"。是"十步杀一人,千里不留行。事了拂衣去,深藏身与名。三杯吐然诺,五岳倒为轻。纵死侠骨香,不惭世上英"。是荆轲、是聂政、是专诸、是李白、是一饭之恩的漂母、是救过伍子胥的渔女。不过,今天他们都在风中消散。再不见独行万里,只为允朋友一诺的男人,再也没有了"拼将一生休,尽君今日欢"的女子。高晓松在他《青春无悔》的文案里这样幽幽地写道。

从小就被教导明哲保身,不要相信别人,何来的狂狷豪迈之气?何来风流洒脱的风骨?从来没有过年少轻狂,青春就是不完整的青春,读再多的金庸古龙也不管用。

匹夫有责

对家庭负责、对族人负责、对国家和民族负责、为看不见摸不着的社会风气负责……这是古人肩上的 N 座大山。而今天,我们既没有为别人奉献的义务,也没有权利向别人索取,只能为自己负责。《大学》开篇就说"古之欲明明德于天下者"在今天成为镜花水月,顾炎武的"国家兴亡,匹夫有责"在和平时期更像是一句空谈。于是,我们坚持不长大,看日本漫画,听 Twins,玩 PUPA 或 Hello Kitty,穿满身口袋的阔脚裤,口号是"我喜欢,有什么不可以"……咄咄逼人的自由泛滥,让责任感处处失守。而年方 10 岁的那一拨孩子,耳濡目染的是这一代人放任自流、无限延长的青春期,他们怎么会知道责任感是何物呢?

琴棋书画

现在,年轻有为的形象是年少多金,高学历、高收入、高消费,懂得如何赚钱还要懂得如何花钱,再也不是纳兰容若那种精通琴棋书画的浊世佳公子了。成人的价值取向在下一代身上复制,甚至强化。学琴(指的是钢琴而非古筝)一定要考级,下棋除非是想成为常昊那样的国手,书画是少年宫的常备项目,为的是升学时加分……那种初始的风雅在父母们的鸡毛掸子和考级的压力下,已经被扭曲,再也保持不了它们唯美的形状了。

民风民俗

过年摸门钉放鞭炮,上元吃汤圆放花灯扭秧歌,端午插艾条挂香符赛龙舟,中元孟兰盆会驱傩……随着大城市全面禁燃鞭炮,这些节日离我们渐行渐远,孩子们所获得的非物质的野趣,也就逐渐稀释。

——《新周刊》,2006-04-21,已改编

【案例评析】

中华民族历尽劫难,却生生不息,薪火相传,一个根本的原因在于优秀传统文化的无穷魅力,在于厚重的传统文化的支撑,而优秀传统文化也是先进文化内涵构成的应有之义。只有把我们遗失的中华优秀传统文化发扬光大,建设中国特色社会主义文化才能落到实处。

【案例思考】

(1)你认为应采取哪些对策来应对中国传统文化的日益缺失?

(2)你认为应怎样看待中华传统文化与社会主义先进文化的关系?

15.2 实训目标和意义

15.2.1 理论教学目标

大学生应学会正确对待中华传统文化,努力继承和弘扬优秀传统文化成果,提高人文修养的自觉性。

15.2.2　重点·难点·热点

重点:弘扬优秀传统文化成果。

难点:如何将对优秀传统文化的正确认知转化为学生的自觉行为。

热点:对待传统文化的正确态度。

15.2.3　理论联系实际

实训项目主要结合《马克思主义基本原理》,以及《思想道德修养与法律基础》相关内容开展。

15.2.4　实训教学目标

本实训通过弘扬中华优秀传统文化,提高大学生人文素养,帮助大学生适应社会,学会做人。

15.3　实训形式和操作

实训形式:寝室或班级文化活动;辩论赛;经典导读;专家讲座;小论文;名篇诵读;主题创意活动。以"汉字的魅力"为主题开展谜语大赛、对联比赛、汉语言文字和汉语言文化知识竞赛。利用座谈、演讲、辩论、社会实践、征文、集中学习交流等形式普及传统文化知识。

15.3.1　实训方案一　"传承和弘扬中华优秀传统文化"校园倡议活动

【实训目的】

中华优秀传统文化、传统美德是中华民族语言习惯、文化传统、思想观念、情感认同的集中体现,凝聚着中华民族普遍认同和广泛接受的道德规范、思想品格和价值取向,具有极为丰富的思想内涵。

培育和弘扬社会主义核心价值观必须立足中华优秀传统文化,加强大学生中华优秀传统文化教育。这对于培养中华优秀传统文化的继承者和弘扬者、推进社会主义核心价值观建设具有基础性作用,是加强学生思想道德建设的实际举措,有利于学生在优秀传统文化、中华传统美德的滋养中确立良好的道德行为规范,形成正确的人生观、价值观,提升自身文明素养。

在大学校园宣传和弘扬中华优秀传统文化,可激发学生对中华传统文化的兴趣,使其自觉承担起继承和弘扬中华优秀传统文化的责任,积极践行社会主义核心价值观,让文化的动力形成民族的凝聚力。

【实训性质】

校内实践。

【实训学时】

4学时。

【内容体系】

布置任务—学生自拟倡议书—设计倡议活动方案—开展倡议活动。

【组织安排】

教师引导学生撰写活动倡议书,以学生为主导设计倡议活动方案,利用课余时间在校内开展"传承和弘扬中华优秀传统文化"的主题校园倡议活动。

【实训要求】

(1)要求学生明确实践目的,分工协作,积极参与。

(2)倡议书撰写规范,活动方案设计合理。

(3)教师全程跟进,保证活动的效果和活动目的的实现。

【操作步骤】

(1)教师明确任务,引导学生自拟活动倡议书。

(2)根据倡议方向设计活动方案。

(3)根据方案有计划、分步骤地开展倡议活动。

(4)根据活动开展情况及时调整方案,以达到最优效果。

(5)活动结束后对活动进行总结。

【实训效果评价】

1.作业设计

倡议书一份、活动方案一份。

2.评价样表

评价内容	成绩	备注
倡议书		
活动方案		

3.评价指标

(1)内容选择:学生的接受程度。

(2)活动效果:影响范围和学生的反映。

(3)总结:对主题活动的客观评价。

4.评价方式

学生自评和教师评价相结合,以五级制计入实践成绩。

15.3.2 实训方案二 "弘扬传统文化 诵读中华经典"主题读书活动

【实训目的】

本实训通过传统文化经典阅读,引导学生关注经典、阅读经典,弘扬中华优秀传统文化,提高学生的人文修养自觉性,帮助学生适应社会,学会做人。

【实训性质】

校内课外实践。

【实训学时】

5 学时。

【内容体系】

搜集经典—阅读经典—撰写心得体会。

【组织安排】

组织学生做好阅读前的书籍搜集准备工作,强调阅读过程中读书笔记的重要性,读后要撰写心得体会。将读后感与课堂交流总结有机结合。

【实训要求】

(1)教师在主题活动前应加以科学引导。

(2)要注意阅读材料的典型性和代表性。

(3)读书活动之后应及时撰写心得体会,巩固阅读成果。

【操作步骤】

(1)教师向学生推荐一些阅读篇章(附目录),并利用课堂上的相关内容加以引导。

(2)学生在广泛阅读的基础上,选择 1～2 篇重点研读,并写出 1500 字左右的心得体会。

【实训效果评价】

"作业设计"参考 11.3.2。

1. 评价样表

评价内容	评价项目	成绩	备注
"弘扬传统文化　诵读中华经典"主题读书活动	阅读的经典篇目数量与质量		
	心得体会撰写情况		

2. 评价指标

(1)阅读书籍的数量与质量。

(2)是否做读书笔记。

(3)感知与体悟。

3. 评价方式

教师根据学生所读篇目的数量和心得体会的撰写情况,给出实践教学成绩。分为五个等级:

优秀——阅读经典篇目 5 篇以上,心得体会行文流畅,紧扣阅读篇目,能够联系自己的思想、学习、工作等实际情况有感而发。

良好——阅读经典篇目 4 篇以上,心得体会行文通顺,能够结合阅读篇目,联系自己的思想、学习、工作等实际情况有感而发。

中等——阅读经典篇目 3 篇以上,心得体会行文通顺,能够联系自己的思想、学习、工作等实际情况有感而发。

及格——阅读经典篇目 2 篇以上,心得体会行文通顺,能够结合阅读篇目有感而发。

不及格——阅读经典篇目不足 2 篇,心得体会行文不通顺,没有紧扣阅读篇目,不能联系自己的思想、学习、工作等实际情况有感而发。

15.3.3 实训方案三 "中国心 中国节"主题系列活动

【实训目的】

传统节日的形成过程,是一个民族或国家的历史文化长期积淀凝聚的过程,是民族文化的集中反映。中国的传统节日沉淀了千百年的传统文化,形式多样,内容丰富多样,反映了我们民族的传统习惯、道德风尚和宗教观念,寄托着整个民族对生活的美好愿望与憧憬,具有很强的内聚力和广泛的包容性。中国的传统节日是我们中华民族悠久历史文化的一个组成部分,承载着中华民族的情感,留存着民族独特的文化记忆,是历代民众共同创造的精神文明的积淀。传承传统民族文化具有延续历史、增强民族凝聚力和提升国家软实力的作用。

在青年大学生中开展"中国心 中国节"系列活动就是要利用传统节日文化中蕴含的积极意义,挖掘传统节日的文化价值,利用传统节日的文化价值增强民族认同感、自豪感和凝聚力;利用传统节日的风俗礼仪文化资源、道德亲情文化资源的当代价值,使传统节日这样凝结着中华民族的民族文化、民族精神、民族情感载体,成为维系人们思想情感的文化纽带。在高校开展传统节日文化主题活动,对于发扬传统节日文化内涵,实现传统节日文化在青年中的传承、发展,推动文化整合极具积极意义。

【实训性质】

校内实践。

【实训学时】

8～12 学时。

【内容体系】

教师与学生共同确定主题活动具体方案—指导学生拟定活动方案策划书—充分做好实训动员和准备工作。

【组织安排】

根据时间安排,在节日文化的表现形式方面,系列活动可贯穿课程始终,也可以设计为"追根溯源"传统节日宣传周等形式,鼓励学生创新表现形式,不断丰富传统节日的内容和形式,突出体现传统节日文化中蕴含的优秀教育元素,突出节日文化主题的表现重点。春节,要突出辞旧迎新、团圆平安、兴旺发达的主题,营造家庭和睦、安定团结、欢乐祥和的喜庆氛围;清明节,要突出纪念先人、缅怀先烈的主题,引导人们正确认识和理解中华民族优良传统和革命传统,慎终追远、珍惜幸福生活;端午节,要突出人与自然和谐共处的主题,利用群众性文化娱乐、体育健身和科普宣传活动,增强人们的爱国情感,提高人们的科学意识;中秋节,要突出团结、团圆、庆丰收的主题,努力营造民族团结、国家统一、社会和谐、家庭幸福的节日氛围;重阳节,要突出敬老孝亲的主题,大力弘扬尊老、敬老的传统美德。

系列活动包括:"中国节"之"赏灯猜谜过中秋"猜谜赏灯活动、"中国节"之主题展览、"中国节"之"弘扬民族传统　创建文化校园"书画展、"中国节"之传统文化影视周、"中国节"之"我最喜爱的节日评选"、"中国结　中国心"传统手工制作比赛(剪纸、折纸、风筝制作、中国结、刺绣)、"中国节"之"欢乐中国节"主题晚会、"中国节"之传统节日文化知识竞赛活动。

【实训要求】

(1)根据课时要求,合理利用传统节日组织开展,将核心价值观融入活动中。

(2)制订详细的实训活动计划和方案。

(3)活动前期要求教师和学生做好充分的准备工作。

(4)实训活动要紧紧围绕节日主题,突出传统节日的文化内涵,充分展现和传承中华民族优秀传统文化。

【操作步骤】

(1)教师与学生共同确定活动方向。

(2)学生在教师指导下设计活动方案。

(3)根据方案充分准备所需材料。

(4)按照方案开展活动,活动中根据实际情况和教学目的适时调整方案。

(5)活动中及时指导和评价。

(6)做好活动的总结和交流。

【实训效果评价】

1.作业设计

根据主题类别提出不同作业要求(制作、表演、设计、竞赛)。

2.评价指标

(1)内容选择:实时性。

(2)活动效果:学生反馈情况。

(3)学生参与度和教学目标达成情况。

(4)总结:对主题活动的客观评价。

3.评价方式

学生自我评价和教师评价相结合。

15.3.4　实训方案四　"家乡地域文化历史"调查

【实训目的】

本次实训旨在促进大学生了解家乡地域文化的历史,以促进大学生对家乡文化历史的了解,热爱、弘扬地域特色的优秀文化,发挥文化建设的作用。

【实训性质】

校内课外实践＋校内课堂实践。

【实训学时】

12学时。

【内容体系】

讲解、梳理文化建设的背景知识—了解家乡地域文化—调查走访—形成报告。

【组织安排】

本次主题调查活动应重视前期相关历史背景的学习,中期调查统计,以及后期撰写报告。应组织学生提前学习社会调查学的一些基本理论和方法,然后同一地域的同学组成一个小组,结合实际,进行调查。最后以小组为单位提交一份调查报告。

【实训要求】

(1)各教学班学生分为若干调查小组(每组以 10 人左右为宜),组长负责小组调查活动的组织督促,同时协助教师进行调研管理和成绩评定工作。

(2)调查要遵循以下原则:第一,理论联系实际;第二,要符合社会调查的一般原理和方法。

(3)以实际红色历史遗迹为依据,最终以报告的形式来体现。

【操作步骤】

(1)明确调查主题和内容,围绕"了解家乡地域的历史文化,以促进大学生对家乡文化历史的了解,热爱、弘扬地域特色的优秀文化,发挥文化建设的作用"展开。

(2)以小组为单位,选取 2 位学生负责人,带领学生利用小长假在回家期间进行调查。

(3)回校后以小组为单位,撰写报告,字数在 800～1000,题目自拟。

【实训效果评价】

1.作业设计

"家乡地域文化历史"调查报告。

2.评价样表

评价内容	评价项目	成绩	备注
"家乡地域文化历史"调查	调研计划合理,有针对性		
	调查过程科学、有序		
	调查资料有效性及处理科学合理		
	报告撰写		

3.评价指标

这一实训主题的评价主要参照以下几项指标:

(1)学生参与度情况。

(2)报告文撰写的质量。

(3)小组交流与活动成果分享情况。

4.评价方式

任课教师对学生上课发言的踊跃程度、报告的写作水平,给出实践教学环节成绩,分为五个等级：

优秀——课堂积极发言,踊跃提出问题;问卷调查认真仔细,论文写作论点突出,论据充分,论证结构非常合理,在论文中能够精辟表达出自己的见解。

良好——课堂发言比较踊跃,比较认真地进行实地调查;论文写作论点较为突出,论据较为充分,论证结构较为清晰,在论文中能够明确表达出自己的见解。

中等——课堂上有过发言,但为数不多,能够参与调查,论文写作较为平庸。

及格——课堂很少发言,对大家的讨论不够关注,对实地调查参与度不高,报告写作不认真,效果差。

不及格——课堂几乎没有发言,不参与调查,对论文写作敷衍了事,甚至没有形成论文。

附：传统文化经典阅读书目

第一类：儒家经典。

《四书五经》《孝经》《弟子规》。

第二类：史书。

《史记》《资治通鉴》《左传》《战国策》。

第三类：先秦文选。

《道德经》《庄子》《孙子兵法》《黄帝内经》。

第四类：唐宋诗文。

《千家诗》《唐诗三百首》《宋词三百首》《古文观止》。

第五类：古典小说戏曲。

《红楼梦》《三国演义》《水浒传》《西游记》《西厢记》。

第六类：家庭教育。

《颜氏家训》《菜根谭》《曾国藩家书》。

《马克思主义
基本原理概论》
课后习题

实训项目 16　跟踪大事　把握大势

无数人事的变化孕育在时间的胚胎里。

——莎士比亚

16.1　案例导入

十八大首提"美丽中国"寓意几多

【案例呈现】

如果问十八大报告中哪一个新词汇最能激起社会各界的共鸣、最受普通群众欢迎,那无疑是"美丽中国"。

其实,在日常生活中,"美丽"和"中国"都是最普通不过的字眼,即使在平时偶尔谈起"美丽中国",人们也不会有过多的关注。但是,在庄严的人民大会堂、在字字珠玑的十八大报告中,通过总书记之口说出这一词汇,"美丽中国"被赋予了新的内涵,蕴藏着多层寓意,发人深省、令人惊喜。

"美丽中国"首重生态文明的自然之美。从"人定胜天"的万丈豪情到"必须树立尊重自然、顺应自然、保护自然的生态文明理念",再到可感、可知、可评价的"美丽中国",说明我们党的执政理念越来越尊重自然,越来越尊重人民感受。中华文化最强调天地人的和谐相处,既要金山银山,也要绿水青山——这是百姓对"美丽中国"的最直观解读,十八大报告首次单篇论述"生态文明",全国党代会报告第一次提出"推进绿色发展、循环发展、低碳发展"等,把生态文明建设摆在总体布局的高度来论述,表明我们党对中国特色社会主义总体布局的认识深化了,也彰显了中华民族对子孙、对世界负责的精神。

"美丽中国"体现科学发展的和谐之美。科学发展观是建设美丽中国的理论指导和保障,实现可持续发展、建设和谐社会的目标,归根结底是人与自然相和谐地发展。提倡"美丽中国"是落实科学发展观的一种方式,可以说,"美丽中国"的提法既给我们指出了科学发展的具体方式,又给我们指明了经济社会发展的美好愿景。十六大以来,"绿色发展"的理念逐渐进入党的执政视野,已经在中国生根发芽——过去 10 年间,从巴厘岛到哥本哈根、德班,历届气候大会上,中国带头许下并切实履行绿色发展的庄严承诺;从"十一五"首次设立约束性指标,到清理整顿钢铁等高耗能行业,从实施京津风沙源治理等系列生态工程到出台节能减排计划,从单位国内生产总值能耗下降 12.9% 到生态补偿机制稳步推进,中国正逐渐告别"黑色发展",走上"前人种树、后人乘凉"的绿色发展之路。我们有理由相信,在"美丽中国"理念的指导下,我们一定能实现"给自然留下更多修复空间,给农业留下更多良田,给子孙后代留下天蓝、地绿、水净的美好家园"的美好愿景。

"美丽中国",美在山川,美在文化,美在历史,更美在人文——最美的是人。"美丽中国",没有了最美中国人,就如无根之萍、无源之水,徒具美丽外表,不具美丽生命。

——人民网,2012-11-14

【案例评析】

"美丽中国"让党代会报告一改以往工作报告严谨、中性,缺乏情感色彩的传统风格,运用如此柔软、悦耳、富有诗意的词汇,使总书记的工作报告充满亲切感,更加贴近基层、贴近普通群众,迅速拉近了党代会与民众之间的距离,透露出民生温度和民意期许。

【案例思考】

(1)如何认识十八大首次提出的"美丽中国"的现实意义?

(2)作为当代大学生,应当如何用自己的实际行动来践行"美丽中国"的科学理念?

16.2 实训目标和意义

16.2.1 理论教学目标

引导大学生树立正确的世界观、人生观、价值观。增强大学生对"四个自信"的价值认同,学会运用马克思主义的理论、观点、方法分析社会问题。

16.2.2 重点·难点·热点

重点:领会中国特色社会主义的经济、政治和文化。

难点:运用相关理论分析、解决现实问题。

热点:社会热点问题分析。

16.2.3 理论联系实际

实训项目主要结合《毛泽东思想和中国特色社会主义理论体系概论》相关内容开展。

16.2.4 实训教学目标

本实训通过培养大学生运用马克思主义的世界观和方法论分析、解决现实问题,提高大学生的思想政治素质和理性辩证思维能力,坚定理想与信念,明确历史使命和社会责任,增强成才意识和政治理论修养。进一步调动当代大学生关注国内外形势发展和国家大政方针的积极性,使大学生更直接地感受祖国各行各业贯彻执行党的路线、方针、政策,贯彻落实党的十八大精神,构建社会主义和谐社会所带来的新变化。

16.3 实训形式和操作

实训形式:时事评论、热点追踪、思政论坛、专题调研、主题辩论赛、专家讲座、小组讨论。

16.3.1 实训方案一 "跟踪大事 把握大势"主题辩论赛

【实训目的】

本次实训要充分体现学生学习的主体性,通过辩论调动学生关注国内外形势发展和国家大政方针的积极性,提高学生的思想政治素质和理性辩证思维能力。

【内容体系】

确定讲座主题与人选—安排讲座—撰写心得体会。

【组织安排】

邀请时政专家就当前时政热点问题做专题讲座,讲座过程中要有互动与交流,讲座结束后每人提交一篇围绕讲座重点问题的心得体会。

【实训要求】

(1)确定讲座人选、时间和地点。

(2)讲座主题要注意紧扣当前时政热点,解决学生关注的问题,起到释疑、解惑的作用;讲座过程中要有互动与交流。

(3)学生应仔细倾听与思考,并在讲座后期积极提问互动。

【操作步骤】

(1)请时政专家做讲座。

(2)学生在听完讲座后要积极发言提问。

(3)以小组为单位进行心得交流,并撰写心得体会。

【实训效果评价】

1. 作业设计

作业设计见《思政实践课实训活动手册》P13。

2. 评价样表

评价内容	评价项目	成绩	备注
"跟踪大事 把握大势" 主题讲座	出勤及课堂互动情况		
	心得体会		

3. 评价指标

(1)学生出勤及课堂互动情况。

(2)按要求撰写主题讲座心得体会。

4. 评价方式

任课教师结合讲座互动交流情况和学生心得体会的撰写情况,按五级评分制,给出实践教学环节成绩。

优秀——讲座中提问环节表现积极,课堂发言非常积极,心得体会写得深刻,言之有物,确实从讲座中获得了不少的信息,行文逻辑很强,语言通顺流畅,几乎没有错别字。

良好——课堂发言积极,心得体会比较深刻,行文结构合理,语言比较通顺,错别字较少。

中等——课堂发言积极,心得体会比较深刻,行文结构合理,但语句不太流畅、结构不太合理,错别字比较多。

及格——参与了课堂发言环节,心得体会中能够表现出自己的一些想法,但语句不太流畅、结构不太合理,错别字比较多。

《永远在路上》

不及格——没有参与课堂讨论,课后心得体会言之无物,行文不连贯且病句很多,也没有体现出自己的想法,错字连篇。或者没有提交相关报告。

实训项目 17　我的未来不是梦

谁要是游戏人生,他就一事无成;谁不能主宰自己,永远是一个奴隶。

——歌德

17.1　案例导入

17.1.1　目标的威力——哈佛大学调查研究

【案例呈现】

美国哈佛大学有一个非常著名的关于目标对人生影响的跟踪调查,对象是一群智力、学历、环境等条件差不多的年轻人。调查结果发现:27％的人没有目标;60％的人目标模糊;10％的人有清晰但比较短期的目标;3％的人有清晰且长期的目标,并能把目标写下来,经常对照检查。

25 年的跟踪研究,他们的生活状况和分布现象十分有意思:

那些占 3％的,25 年来几乎不曾更改过自己的人生目标,一直朝着同一方向不懈地努力。25 年后,他们几乎都成了社会各界的顶尖成功人士,他们中不乏白手创业者、行业领袖、社会精英等。

占 10％的,大都生活在社会的中上层。他们的共同特点是,那些短期目标不断被达成,生活状态稳步上升,成为各行各业不可或缺的专业人士,如医生、律师、工程师、高级主管等。

占 60％的那些目标模糊的人,几乎都生活在社会的中下层,他们能安稳地生活与工作,但都没有什么特别的成绩。

剩下 27％的是那些 25 年来都没有目标的人群,他们几乎都生活在社会的最底层。他们的生活过得不如意,常常失业,靠社会救济,并且常常都在抱怨他人,抱怨社会,抱怨世界。

可以看出,目标对人生具有巨大的导向作用,可以说,有什么样的目标就会有什么样的人生。

——出国留学网,2011-11-12

【案例评析】

人的一生不能没有一个明确的目标和方向。目标与方向主导了我们一生的命运与成就,它是驱使人生不断向前迈进的原动力。若一个人心中没有一个明确的目标,就会虚耗精力与生命,就如一个没有方向盘的超级跑车,即使拥有最强有力的引擎,最终仍是废铁一堆,发挥不了任何作用。

【案例思考】

这个调查对你有什么启示?

17.1.2　2015 年高校毕业生就业状况调查

【案例呈现】

毕业生落实率:专科生最高

从被调查的毕业生总体统计情况来看,2015 年毕业生毕业时的"落实率"达 83.1%。

从学历层次的比较来看,落实率差异不大,都在 80%以上。专科生的落实率最高,为 87.4%;其次是硕士生,为 84.5%;第三是本科生,为 81.5%;博士生的落实率最低,为 81.3%。

从性别之间的比较来看:男性落实率高于女性。男性落实率为 85.3%,女性为 80.8%,两者差距主要体现在"已确定单位"上,男性高出 4.5%。

从学校类型的比较来看,高职大专院校的落实率最高,为 89.4%;其次是"211"(包括"985")重点大学,为 86.5%;独立学院和民办高校排第三,为 80.6%;普通本科院校最低,为 77.7%。

从学校所在地的比较来看,东、中、西部地区高校之间存在差异,西部地区高校的落实率低于东部和中部。东、中、西部高校的落实率分别为 85.9%、81.6%、78.4%。

起薪比较:科研单位最高

为了排除奇异值,调查只统计了月起薪在 500~30000 元之间的观测值。统计结果显示,2015 年高校毕业生月起薪的算术平均值为 4187 元。

毕业生的起薪具有以下特点:

第一,学历越高起薪越多。从算术平均值看,专科生为 2640 元,本科生为 4010 元,硕士生为 6363 元,博士生为 6753 元。

第二,性别之间存在差异。从算术平均值看,男性为 4448 元,女性为 3896 元,两者相差 552 元。

第三,学校类型之间存在差异。从算术平均值看,"211"(包括"985")重点高校为 5571 元,一般本科院校为 3944 元,高职院校为 2597 元,民办高校和独立学院为 2993 元。

第四,就业地区之间存在差异。从算术平均值看,京津沪为 5449 元,东部地区为 3401 元,中部地区为 2866 元,西部地区为 2680 元。最高与最低收入之比为 2.03。

第五,就业地点之间存在差异。省会城市或直辖市的平均收入最高,为 4721 元;地级市的平均收入为 3605 元;县级市或县城的平均收入为 3066 元;乡镇和农村的平均收入分别为 2909 元和 3247 元。最高与最低收入之比为 1.62。

第六,工作单位性质之间存在差异。11 个单位类型按照平均起薪由高到低的排列顺序依次为:科研单位 5407 元;三资企业 5329 元;国有企业 4801 元;高等学校 4404 元;医疗卫生单位 4056 元;党政机关 3967 元;其他企业 3889 元;其他事业单位 3740 元;私营企业(民营、个体)3647 元;中小学 3422 元。最高与最低收入之比为 1.58。

第七,工作类型之间存在差异。专业技术工作、企业管理工作、国家机关党群组织事业单位管理人员的收入位居前三名,分别为4611元、4504元和4400元;办事人员和有关人员、商业和服务人员的收入居中,分别为3901元和3847元;最低的是生产运输设备操作人员及有关人员,农、林、牧、渔及水利业生产人员,收入分别只有3014元和2977元。最高与最低收入之比为1.55。

第八,行业之间存在差异。19个行业按照平均起薪由高到低的排列顺序依次为:信息传输、计算机服务、软件业为5386元;金融业为5098元;科学研究、技术服务、地质勘查为4834元;水利环境公共设施管理为4648元;房地产为4395元;租赁和商务服务业为4165元;采矿业为4077元;文化体育娱乐为3999元;农、林、牧、渔为3938元;电力、煤气和水的生产和供应业为3926元;制造业为3859元;公共管理与社会组织为3822元;教育为3816元;卫生、社会保障与福利为3661元;建筑业为3607元;交通运输、仓储和邮政为3496元;居民服务为3334元;批发零售为3255元;住宿餐饮为2854元。最高与最低收入之比为1.89。

就业满意度:到采矿行业最满意

由于高校毕业生找工作有充分的选择权,因此毕业生对自己所找到工作的满意程度较高。在已经确定就业单位的毕业生中,有25.9%的毕业生对找到的工作感到非常满意;53.6%的毕业生感到满意,19.0%的毕业生感到一般,1.2%的毕业生感到不太满意,只有0.3%的毕业生很不满意自己的工作。毕业生的就业满意度具有以下特点:

第一,学历之间存在差异。博士生的满意度最高,其次是硕士生和本科生,专科生的满意度最低。

第二,就业地区之间存在差异。在京津沪地区就业的满意度最高,其次是西部地区,再次是东部地区,在中部地区就业的满意度最低。

第三,就业地点之间存在差异,城市越大满意度越高。在省会城市或直辖市就业的满意度最高,其次是地级市,第三是县级市或县城,第四是农村,在乡镇就业的满意度最低。

第四,工作单位性质之间存在差异,11个单位类型按照满意度由高到低的排列顺次为:党政机关,科研单位,高等学校,国有企业,三资企业,其他事业单位,中小学,私营企业(民营、个体),其他企业,医疗卫生单位。

第五,工作类型之间存在差异。7个单位类型按照满意度由高到低的排列顺序依次为:国家机关、党群组织、事业单位管理人员;企业管理人员;农、林、牧、渔、水利业生产人员;办事人员和有关人员;商业和服务人员;专业技术人员;生产、运输设备操作人员及有关人员。

第六,行业之间存在差异。19个行业按照满意度由高到低的排列顺序依次为:采矿业,公共管理与社会组织,农、林、牧、渔,金融业,水利环境公共设施管理,电力、煤气和水的生产和供应业,建筑业,房地产,信息传输、计算机服务、软件业,教育,卫生、社会保障与福利,文化体育娱乐,科学研究、技术服务、地质勘查,住宿餐饮,批发零售,制造业,交通运输、仓储和邮政,租赁和商务服务业,居民服务。

此外,性别之间、学校类型之间的就业满意度差异不大。

就业分布:乡镇农村仅占 2.6%

根据已经确定就业单位者的回答,2015 年高校毕业生的就业分布状况如下:

第一,按就业地区划分。在京津沪地区工作的毕业生占 12.8%,在东部地区工作的毕业生占 46.0%,在中部地区工作的毕业生占 22.2%,在西部地区工作的毕业生占 19.0%。

第二,按就业地点划分。在省会城市或直辖市工作的毕业生占 59.1%,在地级市工作的占 25.4%,在县级市或县城工作的占 13.0%,在乡镇工作的占 1.8%,在农村工作的占 0.8%。

第三,按工作单位性质分。11 个单位类型按照比例由高到低的排列顺序依次为:私营企业占 38.9%,国有企业占 27.9%,三资企业占 8.1%,国家机关占 4.9%,其他企业占 4.6%,其他事业单位占 4.6%,中小学占 4.2%,高等学校占 3.1%,科研单位占 1.5%,医疗卫生单位占 1.2%,其他占 1.0%。从分布结构看,毕业生就业的单位类型非常集中,私营企业和国有企业是最主要的就业单位。

第四,按工作类型划分。7 个工作类型按照比例由高到低的排列顺序依次为:专业技术人员 29.8%,国家机关、党群组织、事业单位管理人员 16.7%,商业和服务人员 14.3%,企业管理人员 14.1%,办事人员和有关人员 11.2%,生产、运输设备操作人员及有关人员 5.1%,农、林、牧、渔、水利业生产人员 1.8%。从分布结构看,毕业生就业的工作类型比较分散,有 5 个类型的工作比例达两位数。

第五,按行业划分。在 19 个行业中按比例由高到低的行业顺序是:金融业为 15.2%,信息传输、计算机服务、软件业为 10.8%,制造业为 10.3%,教育为 9.1%,建筑业为 6.7%,农、林、牧、渔为 5.4%,电力、煤气和水的生产和供应业为 4.5%,批发零售为 4.2%,交通运输、仓储和邮政为 4.0%,科学研究、技术服务、地质勘查为 4.0%,公共管理与社会组织为 3.1%,租赁和商务服务业为 2.7%,房地产为 2.7%,卫生、社会保障与福利为 2.3%,文化体育娱乐为 2.1%,住宿餐饮为 1.9%,采矿业为 1.9%,水利环境公共设施管理为 1.0%,居民服务为 1.0%。

金融业和信息传输、计算机服务表现突出,成为占比最大的两个行业,占比合计为 26%。工业(制造业和建筑业)依然重要,制造业和建筑业的占比合计为 17%。教科文卫体等行业占比合计为 15.4%,其中教育行业占比突出,占比为 9.1%。

就业影响因素:工作能力最重要

毕业生就业受多种因素的影响,各种因素的相对重要性如何?应该从用人单位和毕业生供给和需求两种角度综合考虑,但是本次问卷调查对象只包含毕业生,因此统计结果只是毕业生的看法。问卷包含的影响就业的各种因素共有 21 种,调查统计结果中按照影响程度从重到轻的排列顺序,这 21 种影响因素分别为:①工作能力强;②相关的实习经历;③实习经历丰富;④了解自己,扬长避短;⑤了解求职岗位的要求及特点;⑥学历层次高;⑦形象气质好;⑧应聘技巧好;⑨学校名气大;⑩就业信息多;⑪热门专业;⑫学习成绩好;⑬往届毕业生的声誉好;⑭老师的推荐;⑮朋友的帮助;⑯家庭背景好或亲戚的帮助;⑰学生干部;⑱拥有就业地户口;⑲性别为男性;⑳是党员;㉑送礼拉关系。

上述统计结果表明,工作能力、实习经历、求职技巧等与就业直接相关的因素显得最为重要。学校名气、热门专业、学习成绩等与高等教育直接相关的因素的重要性一般,排在中间位置。亲朋好友、党员干部、性别等与社会资本、政治资本、人口特征等相关的因素最不重要。

毕业生求职状态

择业意向:就业对每一位毕业生都是人生中的一件大事。在择业过程中,毕业生们普遍重视的是哪些因素?本次调查共涉及 16 种因素,按照影响程度从重到轻的顺序排列发现,毕业生最看重的是个人发展和福利待遇。

求职渠道:毕业生需要通过各种渠道获得就业信息,并需要通过一定的途径向有关单位发出求职信息。调查显示,网络招聘的占比上升明显,已经与学校信息提供的占比并列第一。亲朋好友的作用保持较高的比例,达到 20.1%。

就业指导课程:从毕业生认为学校开设的就业指导课或讲座对自己的帮助程度看,有8.3%的毕业生认为帮助很大,有 16.9%的毕业生认为帮助较大,有 48.4%的毕业生认为帮助一般,有 19.8%的毕业生认为帮助较小,有 6.6%的毕业生认为没有帮助。

求职数量:在需要求职的毕业生中,在择业过程中毕业生递交过求职简历的单位数平均为 13.3 个,接受过面试的单位数平均为 5.6 个,曾表示愿意接收的单位数平均为 2.9 个。进一步的分析发现,求职单位的数量与求职成功率有一定的联系,求职成功者比未成功者付出了更大的努力。

求职费用:2015 年高校毕业生为求职而花费的相关费用人均为 2029 元,但求职结果与求职费用之间没有显著的相关关系,在求职过程中过分地增加支出并不一定能够提高求职的成功率。

——《光明日报》,2016-01-19

【案例评析】

首先,我国是世界上的人口大国,人口基数大,需要就业的人员多,就业高峰持续时间长。其次,在就业体制方面还有待完善,存在着用人机制不健全、人才流动机制不活、劳动力市场发育不完善等问题。最后,许多人的就业观念滞后,缺乏主动的择业创业的积极性。解决就业问题是一项十分复杂的社会工程,不可能一蹴而就。在现实生活中,既存在着"人找岗位",也存在着"岗位找人"现象。大学生要正确看待就业压力。

【案例思考】

你如何看待目前"就业难"的问题?

17.2 实训目标和意义

17.2.1 理论教学目标

了解就业形势,掌握职业生活中的道德与法律,在实践中树立科学的择业观和创业观。

17.2.2 重点·难点·热点

重点:职业生活中的道德与法律。

难点:实践中树立科学的择业观和创业观。

热点:面试技巧。

17.2.3 理论联系实际

实训项目主要结合《思想道德修养与法律基础》《毛泽东思想和中国特色社会主义理论体系概论》第七章及相关内容开展。

17.2.4 实训教学目标

通过实训,大学生能正确认识我国当前的就业形势,树立科学的择业观与创业观,在艰苦中锻炼,在实践中成才。

17.3 实训形式和操作

实训形式:就业政策解读,专家讲座,现场招聘会,模拟面试,公务员招考前指导,小组交流,《中华人民共和国劳动法》讲座。

17.3.1 实训方案一 "大学生就业面面观"主题讲座

【实训目的】

本实训通过听讲座的形式,引导学生积极参与有关大学生就业的思考与讨论,引导大学生树立正确的职业观。

【实训性质】

校内课堂实践。

【实训学时】

5 学时(学生准备 2 学时,讲座 3 学时)。

【内容体系】

确定讲座主题与人选—安排讲座—撰写心得体会。

【组织安排】

邀请就业指导专家或毕业生就当前热点问题做专题讲座,讲座过程中要有互动与交流,讲座结束后每人提交一篇围绕讲座热点问题的心得体会。

【实训要求】

(1)确定讲座人选、时间和地点。

(2)讲座主题要注意紧扣当前就业热点问题,解决学生急切解决的问题,起到释疑、解惑的作用;讲座过程中要有互动与交流。

(3)学生应仔细倾听与思考,并在讲座后期积极提问。

【操作步骤】

(1)请就业指导专家或本校毕业生做讲座。

(2)学生听完讲座后要积极发言提问。

(3)以小组为单位进行心得交流,并撰写心得体会。

【实训效果评价】

"作业设计""评价样表""评价指标"及"评价方式"参考 16.3.3。

17.3.2　实训方案二　就业法规专题讲座

【实训目的】

本实训通过邀请法学专家或企业人事部主管来校举办讲座的形式,向学生集中介绍与求职和就业密切相关的法律知识,增强学生的法律意识,在求职过程中若自身权益受到损害时,要学会用法律武器来维权。

【实训性质】

校内课堂实践。

【实训学时】

5 学时(学生准备 2 学时,讲座 3 学时)。

【内容体系】

确定讲座主题与人选—安排讲座—撰写心得体会。

【组织安排】

邀请法学专家或企业人事部主管就学生求职过程中的法律问题做专题讲座,讲座过程中要有互动与交流,讲座结束后每人提交一篇围绕讲座热点问题的心得体会。

【实训要求】

(1)确定讲座人选、时间和地点。

(2)讲座主题要注意紧扣《中华人民共和国合同法》《中华人民共和国劳动法》中的热点问题,解决学生急切面对的问题,起到释疑、解惑的作用;讲座过程中要有互动与交流。

(3)学生应仔细倾听与思考,并在听完讲座后积极提问。

【操作步骤】

(1)邀请法学专家或企业人事部主管做专题讲座。

(2)学生在听完讲座后要积极发言提问。

(3)以小组为单位进行心得交流,并撰写心得体会。

【实训效果评价】

"作业设计"参考 16.3.3。

1.评价样表

评价内容	评价项目	成绩	备注
就业法规专题讲座	课堂发言		
	心得体会		

2.评价指标

(1)学生听完讲座后的发言情况。

(2)主题讲座心得体会的情况。

3．评价方式

任课教师结合讲座互动与交流情况以及学生心得体会的撰写情况，按五级评分制，给出实践教学环节成绩。

优秀——讲座中提问环节表现积极，发言非常积极，心得体会深刻，言之有物，确实从讲座中获得了不少的信息，行文逻辑很强，语言通顺流畅，几乎没有错别字。

良好——发言积极，心得体会比较深刻，行文结构合理，语言比较通顺，错别字较少。

中等——发言积极，心得体会比较深刻，行文结构合理，但语句不太流畅、结构不太合理，错别字比较多。

及格——参与了发言环节，心得体会中能够表现出自己的一些想法，但语句不太流畅、结构不太合理，错别字比较多。

不及格——没有参与讨论，心得体会言之无物，行文不连贯且病句很多，也没有体现出自己的想法，错字连篇。或者没有提交相关报告。

17.3.3   实训方案三   模拟面试

【实训目的】

模拟面试是在教师指导下为学生安排仿真的面试现场、正规的面试流程，让学生亲身感受面试的全过程。模拟面试的整个过程力求达到真实面试的效果。模拟面试不仅可以使学生掌握面试技巧，还能增强学生的情景适应性，从而达到拓展学生综合素质的目的。

【实训性质】

校内课堂实践。

【实训学时】

5 学时。

【内容体系】

策划准备—面试问答—活动总结。

【组织安排】

在教师的指导下，以学生为主体，采取一对多面试形式，让学生了解面试的具体程序。

【实训要求】

(1)活动前做好充分的准备工作，布置面试现场要及时。

(2)注意现场的秩序，保持安静。

(3)活动中各部门要相互协调合作，共同完成本次活动。

(4)场控人员和主持人要注意控制好每个环节的时间。

(5)要求教师在实训过程中做好组织和指导工作。

【操作步骤】

(1)分组：各教学班学生分为若干实训小组（每组以 10 人左右为宜），组长负责小组实践活动组织与督促，同时协助教师进行课堂管理和成绩评定工作。

(2)角色选择:模拟面试要求全体人员参加,面试过程采取一对多的面试形式,各组选出面试官 3 名,其余人员作为面试者。

(3)创设面试现场:按要求摆放桌椅,布置活动场地。

(4)准备材料:面试官应提前准备好招聘启事和面试问题,面试者应准备好求职简历。

(5)面试现场:

①面试官出示招聘信息。

②情景模拟面试,小组其他成员依次进入现场面试,其余成员观摩并做记录。

③点评入选理由,分面试官评议和小组评议。

④学生谈感想、收获和不足。

⑤教师点评。

【实训效果评价】

1.作业设计

个人基本信息

姓名		性别		标准免冠照片
年龄		民族		
政治面貌		身高、体重		
婚姻状况		健康状况		

求职意向及工作经历

求职意向:	求职类型:全职

月薪要求:面议

工作经历 (或实践经历)	1.
	2.
	3.
	4.
	5.

教育背景

毕业院校：	学历：
所学专业：	学制：
毕业日期：　　年　月　日	第二专业：　（本科自考）

专业主干课程	

技能特长

专业技能	
语言技能	英语： 普通话：
计算机技能	

自我评价

自我评价	

联系方式

联系方式	电话： 通信地址： E-mail：

2.评价样表

面试官评价样表

评价内容	评价项目	成绩	备注
面试官	招聘启事		
	面试问题设置		

面试者评价样表

评价内容	评价项目	成绩	备注
面试者	仪表、心理和材料		
	语言表达与运用		

3.评价指标

(1)学生出勤情况。

(2)面试过程互动情况。

(3)材料准备情况。

4.评价方式

具体评价采取学生自我评价与教师整体评价相结合的方式。首先,每个实训小组组长根据组员参与情况和小组交流情况为每位组员给出一个参考成绩。然后,教师就面试情况和求职简历作业情况做出评价。最后,将学生评价与教师评价结合,按优秀、良好、中等、及格和不及格五个等级给出主题活动的学生成绩,计入实践课成绩。

实训项目18　感恩教育　让生命充满爱

世界上的一切光荣和骄傲,都来自母亲。

——高尔基

父恩母爱养育了我们,我们要学会感恩,感恩是中华民族的传统美德。"感恩教育",让大学生不忘祖国和人民的关怀之恩、父母的养育之恩、教师的培育之恩、亲友的帮扶之恩、大自然的天赐之恩,懂得回报父母、回报教师、回报他人、回报社会。

感恩是一种修养,感恩是一种品质。凡事感恩,学会感恩,常怀感恩之心,人与人、人与自然、人与社会就会变得更加和谐,世界会变得更加美好。

18.1　案例导入

生命不是用来抱怨的

【案例呈现】

孩子:

今天是你的生日。不知不觉,你已经20岁了。按中国传统观念,你就是成年人,可以自主决定生活方式和人生道路了。你将面临一系列人生课题,如求学、恋爱、婚姻、家庭、职业,等等。如何完成这些课题,直接关系你的人生是否幸福。

在这个最重要的时刻,爸爸想对你说——

人总是在困难中前行,千万不要抱怨。生命犹如溪流,源于何处,流经何处,归向何处,由不得自己,无所谓好坏,坦然面对、全盘接受便是。抱怨是弱者的心态,于事无补,于人于己无益。

人的价值在于付出,以索取为耻。付出,证明你富有;索取,证明你贫穷。帮助别人,快乐的是自己。向人索取,得到的是失落。尊严比黄金宝贵千倍。

没有坏运气,只有坏习气。种种不顺,习气所造。好习气带来好运气。所谓好习气,概而言之,乃一心不乱、一丝不苟。好习气在日常生活中养成,点点滴滴事关修行。

学习是一种能力,也是一种享受。掌握一门专业知识,便拥有进入文明社会的名片。专业没有高低,喜欢便好。知识不在多少,会用便好。会学习的人,其实是在玩一种智慧游戏。

工作不是为了谋生,而是为了快乐。干什么并不重要,喜欢就好。钱多少并不重要,够用就好。最最重要的,是在工作中释放能量,释放快乐,释放人格之美。

爱情不是拥有,而是相互赠予。与其追求爱情,不如打理自己。从内外兼修到内外兼优,爱神自然眷顾。不排斥、不攀附,善良真挚最可靠。切莫追求完美,切莫迷信激情,切莫执着永恒。

相对宇宙地球很渺小,相对人类个人很渺小。爱护自己,悲悯众生,欣赏自然,乐观自在,安身之处即故乡。财富、地位等仅是身份象征,个人的本质特征是心灵。心量大者,不计较、不比较,烦恼随风散,动静皆自由。

身体比事业重要,成长比成功重要,追求比超越重要。人生是一个生命过程,好好享受这个过程,让生命之光活泼地闪耀在寄身所在的时空中。

爸爸

——《人民日报》,2007-05-12

【案例评析】

这是人民日报社海南分社社长陈伟光给女儿20周岁的寄语,不炫文采,实实在在,回归常识,充满智慧。拖沓冗长的心灵鸡汤或故弄玄虚的成功学说教均不能与之同日而语。"父爱如山",文中凝结了浓得化不开的父爱,这种爱通过理性的文字传递给了女儿。

【案例思考】

(1)读了这篇文章,请你说说展现在我们面前的是一个怎样的父亲形象。

(2)信中父亲向女儿传达了怎样一种爱?

18.2 实训目标和意义

18.2.1 理论教学目标

感恩,是中华民族的传统美德。本实训通过"感恩教育",培育"感恩文化",其目的是让学生懂得父母的艰辛,知恩图报,不忘祖国和人民的关怀之恩、父母的养育之恩、教师的培育之恩、亲友的帮扶之恩、大自然的天赐之恩……使"感恩"之情生根、开花、结果。

本实训通过开展"感恩教育",提高学生"感恩"素养水平,构建和谐文明的校园环境,进一步融洽师生关系,完善人际关系,促进家庭和睦,提高师生的文明素养,促进文明校园建设。通过活动,学生做到"说感恩话、唱感恩歌、干感恩事、做感恩人",懂得回报家长、回报教师、回报他人、回报社会的重要意义,从而把感恩之情化为强烈的责任感,并付诸服务社会的实际行动,从而忠于祖国、服务社会、关心他人、品德高尚。

18.2.2 重点·难点·热点

重点:中华民族的传统美德;感恩社会、报效祖国;感恩父母、立志成才;感激同学、团结友善;感恩自然、保护环境。

难点:对父母的感恩之心,对教师、同学的感恩之情,对国家、社会的感恩之责;把感恩之情转化为报恩之志,转化为报恩之行,立志成才。

热点:

(1)感恩教育与社会主义核心价值观培育结合。

(2)中华民族传统美德的时代价值。

(3)立德树人,以德为先。

18.2.3 理论联系实际

实训项目主要结合《思想道德修养与法律基础》第一、二、四章及相关内容开展。

18.2.4　实训教学目标

通过实训,培育学生对父母的感恩之心,对教师、同学的感恩之情,对国家、社会的感恩之责,把感恩之情转化为报恩之志,转化为报恩之行,成为爱国守法、明礼诚信、团结友善、服务社会、品德高尚的人。

18.3　实训形式和操作

实训形式:看感恩影片、讲感恩故事、唱感恩歌曲、诵感恩诗歌、写感恩家书、算教育成本,"感恩教育"主题班会及演讲比赛;主题调研;主题访谈。

18.3.1　实训方案一　"感人的家事"主题活动

【实训目的】

家庭关系是人的一生中非常重要的一种人际关系。大学生正处于思想和心理走向成熟的时期,学会理解、关心、感恩父母,是做人的一项基本道德,也是走向成熟的一个重要标志。青春期孩子的心理变化,父母与孩子在生活背景、习惯、观念、思维方式等方面的差异,以及家庭教育方式等诸多原因,导致相当一部分学生与父母存在沟通方面的问题,这是社会普遍存在的正常现象。每个家庭父母与子女的具体情况是不同的,但父母的共同之处在于对孩子无私的爱。孩子对父母的共同之处也在于在心灵深处爱着自己的父母。孩子与父母之间如果不能较好地实现沟通,其问题不在于缺少爱,而在于需要更多的相互理解以及更好的爱的方式。

大学期间是社会化的重要时期,在不远的将来,同学们将从"学校人"转化为"社会人",用什么样的方式感恩父母,是我们都该深思的问题。

学会感恩,让生命充满爱。通过主题活动,学生更深切地感受父母的养育之恩和无私的爱,增强感恩意识,激发感恩情感,感恩父母,立志成才。

【实训性质】

校内课堂实践。

【实训学时】

10 学时(学生准备 2 学时,课堂实践 8 学时)。

【内容体系】

活动前期动员—课堂准备—活动开展—活动总结—提交作业。

主题活动以"感人的家事"为主题,采用"课堂讲述＋课外作业"结合形式。课堂讲述内容为"父母最让我感动的事""我最想对爸妈说的话",课外作业为"感恩家书"爱心家庭作业活动。

【组织安排】

在教师的指导下,课堂活动以学生为主体,人人参与,讲述顺序由教师提示,留意学生情感、情绪变化,适当引导,营造好课堂氛围。

【实训要求】

(1)活动前期动员。

(2)课堂准备。

(3)活动期间安排一名学生,辅助其他学生做好课堂讲述准备。

(4)教师在实训过程中做好组织和引导工作。

【操作步骤】

(1)播放感恩歌曲:《天下父母心》(刘芳)、《妈妈》(彝人制造)、《天亮了》(韩红)。

(2)案例导入。

(3)主题活动开展。

①教师导语:爱父母,就像当初他们爱我们一样。

出门在外,想念远在老家的爸爸妈妈,他们含辛茹苦把我们养大,在他们本应该颐养天年的时候,我们却在遥远的城市,不能在他们身边尽孝,还要让他们为我们担心、牵挂。我们甚至不知道,他们在寂静的夜里是怎样想念远方的我们? 他们是怎样打发那些想念儿女的孤寂的时光? 他们在身体不舒服的时候,想的不是我们在身边尽孝,而是想着不要让我们知道,不要担心他们。他们在渐冷的秋天,想的不是他们怎样注意保暖,而是急急地打来电话,提醒我们加衣服。我们在一票难求的春节急着回家看望他们的时候,他们违心地劝着我们不要回去……我们敬爱的爸爸妈妈,他们已经慢慢变老了,他们的脸上刻上了太多岁月的痕迹,他们的头上无情地爬上了缕缕白发,他们的背像田地里的犁,弯了……朋友们,好好爱我们的爸爸妈妈吧,就像当初他们爱我们一样!

②学生讲述:a.“感人的家事”;b.“我最想对爸妈说……”

③亲情计算题:算一算,你还能陪父母多久?

你有没有算过,这辈子自己还能陪父母多久? 事业、生活、爱情、朋友……太多的因素占据了我们的生活重心,我们能与父母相聚的次数寥寥无几。现实沉重得令人心酸,但怎样减少若干年后的愧疚,主动权掌握在子女的手中。父母需要我们最好的爱——请多陪陪他们,常回家看看!

(4)读一封家书,谈谈感受。

致吾家小南

亲爱的小南:

展信身体健康!

离家上大学之后,我开始喜欢叫你“小南”,也许是因为我开始想要以大人的心态来和你交流,也许只是冲着叫你“小南”时我体会到的那种不能解释的幸福感。当然某些时候我还是更想要叫你“妈妈”,比如在我生病想家时。

似乎“懂事”这个词一直都和我没什么关系,在我一路成长的岁月里只有“折腾”这两个字一直陪伴着我,折腾自己,更折腾你。其中折腾得最严重的时期就是我所谓的青春期。

人人都说青春期有些叛逆是正常的,家长要给予理解。这句话就像是一张“免死金牌”,我仗着它肆无忌惮地做出格的事,更加肆无忌惮地伤害你。印象中,几乎每天我都会毫无理由地对你发脾气,我已经记不清那些让我“爆发”的缘由,也记不清我曾口无遮拦地说过什么话来伤害你,只是你被我气得浑身发抖的样子还清晰留在我的脑海中,看到你扬起的手又落下,最终只是转过身去抹眼泪……

很小的时候,我犯了错,你会拿着衣架在我身后追,气势汹汹,我却完全不害怕,一边跑一边还笑得没心没肺,因为我知道一般你追到我了也就消气了。可是那一次,你却连这样发泄的心情都没有。亲爱的小南,那时我是真的伤了你的心吧?虽然我非常非常不愿意再想起那段时光,虽然有些话我在心底已经说了无数回,但是我始终欠你一个正式的道歉:对不起,妈妈。告诉你一个小秘密,你也许不知道,这么多年来,最让我觉得自己成功的一件事,不是能一个人拎着包在各大火车站辗转,也不是发表了小说……而是自从那次将你气到说不出话来之后,我再也没有让你那么生气过。

去年过年时,表姐结婚了。于是这个学期我们的"每日一话"中,又多了点内容。你会问我有没有喜欢的男生,告诉我平时不要总宅在宿舍里,要多接触一些人,还说现在找男朋友你不会收拾我了……我握着手机在这边笑。我说,小南,我怎么感觉你长大了,以前你可是从来不说这些的。你在电话那头一本正经地说:"你长大了,我也不能落后啊。"

寝室里的姑娘们总不能理解,我怎么每天都要和你通电话,有时甚至还一天两个。我并不跟她们解释,因为我也不能理解她们的不理解,每天和妈妈打个电话多正常啊!你会知道我的室友分别叫什么,是哪里人,知道我们学校有几个超市,知道我在想你,而我会知道你和爸爸的身体很健康,知道你们中午吃的什么菜,知道你们希望我一切都好。

我没有时下流行的那种"下辈子让我给你当妈妈"的想法,下辈子、下下辈子我还是只想当你的女儿。也许我不会功成名就,也许一生都碌碌无为,也许我还会继续不懂事甚至继续让你生气,但是亲爱的小南,请一定相信,我爱你,深深地。

最后,我只想说,如果爱能用金钱来衡量,我愿意为你倾其所有,期限是一辈子。

爱你的飞飞
——《看天下》,2014 年第 10 期

(5)教师对活动进行总结。

(6)学生提交主题活动作业:写一封"感恩家书"。

【实训效果评价】

1. 作业设计

(1)给父母写一封"感恩家书"。要求:600 字以上,手写稿,并让父母收阅,学生提交复印件。

(2)亲子有效交流。在活动周内,做一件令父母感动的事。

2. 评价样表

评价内容	评价项目	成绩	备注
课堂讲述	是否情真意切、真实感人		
感恩家书	是否真情实感、话语感人		
报恩行为	是否按要求完成,是否具有实效性		

3. 评价指标

(1)学生参与度情况。

(2)"感人的家事"讲述效果。

(3)"感恩家书"撰写的质量。

(4)报恩行为情况。

4.评价方式

教师结合学生自我评价,按优秀、良好、中等、及格、不及格五个等级做出评价,计入实践成绩。

18.3.2　实训方案二　"敞开心扉自由谈——感恩父母"讨论会

【实训目的】

本实训的目的在于引导学生主体性心理变化,促使其将感恩之心转化为成才之志。

【实训性质】

校内课堂实践。

【实训学时】

5 学时(学生准备 2 学时,讨论 3 学时)。

【内容体系】

设置话题—讨论—撰写心得体会。

【组织安排】

在教师的指导下,小组讨论活动以学生为主体,讨论话题在教师引导下由学生自主确定。可与班委和教学班辅导员联系,商定利用班级经费购买讨论会物质奖励。

【实训要求】

(1)讨论前,教师应科学地提出若干讨论话题。

(2)讨论应分组进行,每个组负责一个讨论话题的深度发言。

(3)小组应分工合作,要安排组员就自由讨论过程中的重点和亮点进行记录。

(4)讨论结束后应及时整理讨论记录表。

【操作步骤】

(1)讨论前,教师应围绕主题科学地提出若干讨论话题,比如:

①你对父母有什么样的评价?

②目前你与父母之间的关系如何?

③你觉得父母理解你吗? 能否与父母进行较好的交流与沟通?

④大学求学期间,父母为你做了些什么? 在你的人生旅程中,有没有父母做的最令你感动、温暖的事? 如果有,能否跟大家谈谈?

(2)应将教学班分组,每组 5～8 人为宜,每个组负责选定或自定一个紧扣主题的讨论话题,为深度发言做准备。

(3)讨论过程中,担任主题话题的小组率先发言,并通过他们的引领带动其他学生发言。

(4)小组应分工合作,组长负责督促本组成员做发言准备,并安排组员发言和记录。

(5)讨论结束后应及时整理讨论记录表。

【实训效果评价】

1.作业设计

讨论主题		学时	5
讨论时间		小组组长	
讨论地点		指导教师	
讨论小组成员			
讨论过程记录			
讨论会观点总结及心得体会（1000 字左右）			

学院		姓名		学号	
评阅教师		评阅等级		评阅日期	

2.评价样表

评价内容	评价项目	分值/分	成绩/分	备注
"敞开心扉自由谈——感恩父母"讨论会	话题选定	20		
	小组发言	40		
	心得体会	40		

3.评价指标

(1)话题选定：话题是否紧扣主题，指向是否明确，讨论是否具体。

(2)小组发言：发言是否有说服力；论据是否充分；推理过程是否合乎逻辑；事实引用是否得当。

(3)心得体会：是否有感而发，情真意切，基本观点是否正确，合乎逻辑。

4.评价方式

任课教师在综合考查学生实训态度、表现及成果的基础上,按优秀、良好、中等、及格、不及格五级给出实践教学环节成绩。并对参与讨论的学生进行适当表彰和奖励。

18.3.3 实训方案三 "感恩母校 感恩社会"主题活动

【实训目的】

(1)通过"感恩母校 感恩社会"主题活动,学生可懂得知恩、学会感恩,学会用感恩的眼光来看待自己身边的人和事,用正确的态度对待学习和生活。学会与父母平等沟通,克服"逆反"心理。了解教师工作的特点,增进师生的感情。学会关心、尊重、宽容、理解他人,乐于助人,与人为善。促进同学团结,引导学生健康成长。

(2)加强学生与社会接触,了解社会,增强学生实习实践能力。通过参与"感恩母校 感恩社会"主题活动,学生可亲身接触社会、了解社会,在实践中学习和成长,增强实践能力和创新意识,成长为社会需要的应用技术型人才。

【实训性质】

校内课堂实践。

【实训学时】

10 学时(课前准备 2 学时,课堂实践 6 学时,校外社会实践 2 学时)。

【内容体系】

活动前期动员—课前分小组调查—活动开展—活动总结—提交作业。

主题活动分小组调查两个问题:"当代大学生感恩现状与原因分析""如何培养感恩意识和行为"。采用"实践调查＋课堂展示＋自由讨论＋课外作业"结合形式,引导学生懂得知恩、学会感恩,学会用感恩的眼光来看待自己身边的人和事,用正确的态度对待他人和社会。作业选题:"我与室友共成长"。开展"同学如手足"活动,给身边同学做一件有益的事,给班级做一件有益的事等活动,感激同学的真诚相助,增进同学之间的友谊。组织学生参加公益活动,深入社区帮扶孤寡老人和残疾人。

【组织安排】

在教师的指导下,活动以学生为主体,人人参与,课前分小组调查、分析上述两个问题,课堂展示调查情况,并做分析说明,教师归纳总结,引导学生知恩、感恩、报恩。

【实训要求】

(1)活动前期动员。

(2)课前分组调查,形成调查报告。

(3)课堂展示调查情况。

(4)教师引导学生知恩、感恩、报恩。

【操作步骤】

(1)案例导入:感恩不仅仅是一种心态,更是一种美德。

(2)课堂展示各小组调查情况,并做分析说明。

(3)引导学生反思两个问题:"当代大学生感恩现状与原因分析""如何培养感恩意识和行为",教师初步归纳总结。

(4)学生讨论发言:

①如何知恩、感恩、报恩?

②如何做到感恩同学、收获友谊?

③如何学会感恩并成长、成才?

(5)教师对活动进行总结。

①当代大学生感恩现状:

大部分学生感恩意识较强,但存在个体差异;部分学生感恩意识缺失:对父母缺乏感恩之心,对教师和同学缺少感恩之情,对国家和社会缺少感恩之责。

②大学生感恩现状原因分析:家庭教育不完善、社会感恩教育淡化的不良影响。

③感恩意识和行为的培养:用心体会生命,增强感恩意识;进行感恩行为训练;开展感恩活动;感恩父母、品味亲情,感恩生命、珍惜生活,感恩友情、善待他人,感恩社会、学会宽容。大学生要常怀感恩之心。

在《感恩的心》《友谊地久天长》的歌声中结束课堂实践活动。

(6)学生提交主题活动作业:"我与室友共成长"。

【实训效果评价】

1.作业设计

活动作业主题:"我与室友共成长",800字以上。

2.评价样表

评价内容	评价项目	成绩	备注
课前调查	是否按要求完成		
课堂参与	讨论发言情况		
活动作业	是否按要求完成		

3.评价指标

(1)学生参与度情况。

(2)"课前调查分析"讲述效果、课堂讨论情况。

(3)作业完成的质量。

4.评价方式

教师结合学生自我评价,按优秀、良好、中等、及格、不及格五个等级做出评价。

《毛泽东思想和中国特色社会主义理论体系概论》课后习题

附　录

附录 1～附录 3

　　附录 1　《中共中央宣传部、教育部关于进一步加强和改进高等学校思想政治理论课的意见》实施方案

　　附录 2　教育部关于印发《高等学校思想政治理论课建设标准（暂行）》的通知

　　附录 3　《关于进一步加强高校实践育人工作的若干意见》

思政实践课
实训活动
参考方案

参考文献

［1］ 张蔚萍,张民堂.思想政治教育教学实践实训编程[M].北京:北京理工大学出版社,2007.

［2］ 谭书敏,张春如,谢琨.思想政治理论课实践教学指导[M].成都:西南交通大学出版社,2014.

［3］ 张玉英,刘红,刘云影.高职思想政治理论课实践教程[M].2版.北京:北京理工大学出版社,2014.

［4］ 刘汉一.思想治理理论课案例与实践教学手册[M].南昌:江西人民出版社,2013.

［5］ 马莹华,郭玉坤."思想道德修养与法律基础"课案例式专题教学教师用书[M].北京:中国人民大学出版社,2008.

［6］ 贾景华.思想政治理论课实践教学案例汇编与点析[M].太原:山西人民出版社,2013.

［7］ 刘颖,崔立霞.思想政治理论课实践教程[M].北京:北京理工大学出版社,2011.

［8］ 郑大俊.大学生社会实践理论与实务[M].南京:河海大学出版社,2004.

［9］ 梁勇,刘建文,李宏伟.思政实践课学习指导[M].北京:中国电力出版社,2012.

［10］ 李卫东.高校思想政治理论课导学[M].南昌:江西人民出版社,2013.